웃음

Henri Bergson
Le Rire

Essai sur la signification du comique

웃음

희극적인 것의 의미에 대하여

앙리 베르그손 | 김진성 · 류지석 옮김

파이돈

일러두기

1. 단행본(장편소설 혹은 시집, 에세이집 등)과 잡지, 신문은 『 』, 책의 챕터, 신문 기사, 시, 단편소설, 희곡, 미술작품 등은 「 」로 표기했다.
2. 인명 및 지명, 기타 명칭은 국립국어원의 외래어 표기법을 따랐다. 단, 일부 굳어진 명칭은 일반적으로 사용하는 표기법을 따랐다.
3. 이 책은 종로서적 출판부에서 1993년 5월 30일자로 발행된 『웃음』(김진성 옮김)의 중판본을 당시 번역 작업을 도왔던 류지석의 수정과 주석 보강을 거쳐 다시 펴낸 것임을 밝힌다.
4. 개정판을 위하여 *Le Rire: Essai sur la signification du comique*(PUF, Quadrige, 2007)와 영어 번역본 *Laughter: An Essay on the Meaning of the Comic*(trans. by Cl. Brereton & Fr. Rothwell, The Project Gutenberg eBook, 2009)을 참조하였다.

머리말[1]

이 책은 《르뷔 드 파리》[2]에 우리가 이전에 발표한 바 있는
웃음(더 정확히 말하면 희극적인 것에 의해 특별히 일어나는 웃음)
에 관한 세 편의 논문을 싣고 있다. 우리는 그것들을 한 권의
책으로 모으면서 이전 사람들의 여러 견해들을 근본적으로 검
토하고 웃음에 관한 여러 이론에 대한 체계적인 비판을 시도
해야 하지 않을까 하고 자문했었다. 그러면 우리의 설명이 터
무니없이 복잡해져서, 다루어진 주제의 중요성에 어울리지 않
는 두께의 책이 될 것처럼 보였다. 게다가 우리는 희극적인 것
에 대한 주요한 정의들 중의 어떤 것을 생각하게 하는 이러저
러한 예에 관하여 명시적으로든 암묵적으로든 간략하게나마

---

1   [원주] 머리말은 23판(1924)의 것을 재수록한 것이다.
2   [원주] 『르뷔 드 파리*Revue de Paris*』 1899년 2월 1일, 25일, 3월 1일자.

논의했었다. 따라서 우리는 우리의 논문들을 재수록하는 데 국한했다. 우리는 여기에 다만 지난 30여 년간 희극적인 것에 대해 발표된 중요 저서들의 목록을 첨가했을 뿐이다.

다른 저술들은 그 이후에 나온 것이다. 책 끝의 목록은 그것들로 길어졌다. 그러나 우리는 책 자체에는 아무런 수정도 가하지 않았다.[3] 그 이유는 이러한 다양한 연구들이 여러 점에서 웃음의 문제를 해명하지 못했기 때문인 것은 물론 아니다. 그것은 오히려 희극적인 것이 만들어지는 과정procédés de fabrication을 결정하고자 하는 우리의 방법이, 일반적으로 수행되어지는, 그리고 희극적인 결과를 하나의 아주 넓고도 단순한 형식에 집어넣는 방법과 대조를 이루기 때문인 것이다. 이러한 두 방법은 서로 배척하지 않는다. (그러나 두 번째 방법이

---

3 [원주] 그러나 형태에 관해서는 약간의 수정을 했다.

제공할 수 있는 것을 모두 모아도 첫 번째 방법을 통해 얻어지는 결론들은 다루지 않을 것이다.) 그리고 이 첫 번째 방법이 우리의 견해에 의하면, 과학적인 정확성과 엄밀성을 지니고 있는 유일한 것이다. 이번 판에 첨가한 부록에서 우리가 독자의 주의를 환기하고자 하는 점이 또한 이것이다.

1924년 1월 파리에서
앙리 베르그손

| 차례 |

1장

희극적인 것 일반에 관해서

형태와 움직임에 있어서 희극적인 것

희극적인 것의 확산력

웃음은 무엇을 의미하는가? 우스꽝스러운 것의 밑바탕에는 무엇이 있는가? 어릿광대가 짓는 찌푸린 얼굴, 말장난, 통속 희극⁴에서의 오해, 정교한 코미디의 장면 사이에 어떤 공통적인 것을 발견할 수 있을까? 어떤 증류 작용을 통해서 우리는 가지각색의 수많은 희극물이 그들의 역겨운 냄새나 섬세한 향기를 얻게 되는, 언제나 동일한 향수의 원액을 얻을 수 있을까? 아리스토텔레스⁵ 이후 가장 위대한 사상가들이 이 작은 문제에 도전했으나, 이것은 이러한 노력들 사이에서 언제나

---

4   보드빌Vaudeville. 간단한 풍자적 노래가 삽입되는 웃음거리 소희곡이다. 프랑스 제
     2제정기의 경제적 풍요와 정치적 평온 속에서 안주하는 대중의 구미에 맞춰 유행
     했다. 보드빌의 풍자성은 18세기 프랑스의 연극과 가극에 많은 영향을 끼쳤으며 19
     세기 말에는 미국에서 크게 유행했다. 영국에서는 보드빌을 버라이어티variety라고
     부른다.
5   아리스토텔레스는 『시학』에서 우스운 것은 타인에게 고통이나 해악을 끼치지 않는,
     일종의 과오 혹은 추악으로 보고 있다.

형태를 감추고 빠져나가다가 다시금 고개를 쳐드는, 철학적 사변에 던져진 맹랑한 도전인 것이다.

이제 우리가 이 문제를 고찰함에 있어서, 우선 양해를 구하고자 하는 것은 우리는 희극의 기발함을 하나의 정의 속에 가두려고 시도하지는 않으리라는 사실이다. 우리는 그 속에서, 무엇보다도 앞서 살아 있는 어떤 것을 본다. 우리는 이것을—이것이 아무리 미미한 것이라 해도—생명에 대해 마땅히 지녀야 할 존중을 가지고 다룰 것이다. 우리는 **그 어떤 것이** 커가고 성숙하는 것을 관찰하는 데 국한할 것이다. 한 형태에서 다른 형태로, 감지할 수 없는 추이를 통해, 그것은 우리의 눈앞에서 참으로 독특한 변신들을 연출할 것이다. 우리는 우리가 앞으로 보게 될 어떤 것도 무시하지 않을 것이다. 게다가 어쩌면 우리는 이러한 꾸준한 접촉으로 어떤 이론적인 정의보다도 더 유연한 어떤 것—마치 오랜 친교에서 생기는 것과 같은 실제적이고 내적인 앎을 얻게 될 것이다. 그리고 아마도 우리는 본의 아니게 유용한 지식을 얻었음을 또한 발견하게 되리라. 희극의 기발함은 그것의 가장 엉뚱한 형태에 있어서까지도 그 나름대로 이치에 의거해 있으며 그 터무니없음에 있어서도 엄연히 방법적이며, 꿈을 꾸는 듯하면서도 이내 사회 전체에 의해 받아들여지고 이해되는 비전들을 불러일으키는 것이다. 이러한 희극의 기발함이 어떻게 우리에게 인간의 상상력의, 특히 사회적, 집단적, 대중적 상상력의 작업 방식에 관해 교시해 주는 바가 없겠는가? 실제적인 삶에서 유래하고, 예술과도 유사한 관계를 맺고 있는데, 어떻게 예술과 삶에 대한 우리의 이해를 더욱 깊게 해 주지 않을까?

우리는 우선 근본적인 것으로 여겨지는 세 가지 고찰을 제시할 것이다. 희극적인 것 자체라기보다는, 희극적인 것을 찾을 수 있는 대상을 목표로 한다.[6]

---

6 이 책에서 핵심적 단어인 프랑스어의 "le comique"은 "희극", "희극적인 것", "희극적 성격(희극성)" 등 여러 의미를 가진다. 라루스(Larousse) 사전에는 "희극적 표현방식"이라는 뜻도 나와 있다. 이 책에서는 "희극적인 것"과 "희극"으로 번역되는 경우가 가장 많지만 맥락에 따라서 필요할 경우 다른 표현도 사용하였다. 위의 경우 외에도 "희극적 요소"로 번역하는 경우도 있는데 그 이유는 베르그손이 직접 감수하고 교정을 본 영어 번역본에 "comic element"로 표현된 곳이 있기 때문이다. 프랑스어에서는 한 단어 자체에 복합적인 뜻을 함께 담고 있지만 번역 작업에서는 그들 중에 한 단어를 선택할 수 밖에 없는 한계가 있으므로 읽는 이의 이해를 돕기 위하여 이런 다양한 표현을 사용하였음을 알려둔다.

I. 희극적인 것 일반의 의미

여기 우리가 주의를 환기하고자 하는 첫 번째 요점이 있으니 그것은 엄밀한 의미에서 **인간적**인 것을 떠나서 희극적인 것은 존재하지 않는다는 점이다. 풍경은 아름답거나, 우아하거나, 숭고하거나, 특징이 없거나 또는 보기 흉할 수 있으리라. 그러나 그것은 결코 우스꽝스러울 수는 없다. 사람은 어떤 동물에 관해 웃음을 터뜨릴 수 있다. 그러나 그것은 그 동물에서 인간의 태도나 인간적인 표현을 발견하기 때문이다. 사람은 모자를 보고 웃을 수 있다. 그러나 이때 사람이 놀려대는 것은 펠트나 밀짚 조각이 아니라, 사람들이 그것에 부과한 형태이며 그것이 형상화하고 있는 인간적인 변덕이다. 어떻게 이처럼 중대한 사실이 자연스럽게 철학자들의 주의를 끌지 못했던 것일까? 여러 사람이 인간을 "웃을 줄 아는 동물"이라고 정의했다.[7] 그들은 인간을 또한 남을 웃기게 하는 동물로 정의할 수도 있었을 것이다. 왜냐하면 어떤 다른 동물이나 무생물이 우리를 웃기게 하는 경우, 그것은 인간과의 유사성, 인간이 그것에 각인한 표식이나 그것에서 이끌어 내는 사용법에 의한 것이기 때문이다.

이제 이에 못지않게 마땅히 주목해야 할 징후로서, 웃음에 일상적으로 수반하는 **무감동**insensibilité에 주의를 환기하자. 희극적인 것은 아주 평온하고, 잘 조화된 영혼의 표면에 닿을 때에만 그 파문을 일으킬 수 있는 듯하다. 무심함은 웃음의 자연스러운 장소이다. 웃음은 감동보다 더 큰 적을 가지고 있지 않다. 이 말은 우리에게 예컨대 동정이나 나아가서는 애정까지 불러일으키는 사람에 관해 웃을 수 없다고 말하는 것은 아니다. 다만 몇 분만이라도 이 애정을 잊어버리고 동정을 침묵시켜야 한다는 것을 뜻한다. 순전히 지성만이 지배하는 사회에 있어서는 아마도 사람은 더 이상 울지 않으리라. 그러나 어쩌면 여전히 웃음은 있을 것이다. 이와는 반대로, 변함없이 예민

---

7   인간을 '호모 리덴스'(homo ridens, 웃는 인간)으로 정의하는 대표적인 경우는 아리스토텔레스와 라블레François Rabelais를 들 수 있다.

하고 삶에 완전히 일치하여 세상의 모든 일이 감정적인 울림으로 연장되는 사람은 웃음을 알지도, 이해하지도 못할 것이다. 잠시 동안이나마 들리는 모든 것과 일어나고 있는 모든 일에 관심을 가져 보라. 상상력을 통해 남의 행동과 감정을 같이하고 느껴 보라. 마침내 당신의 공감이 최대한도로 피어나도록 해 보라. 마치 요술 지팡이에 닿은 듯 가장 보잘것없는 것들이 중대한 의미를 지니게 되고 모든 사물들이 온통 꾸미지 않은 소박한 색채를 띠게 됨을 볼 수 있으리라. 이제 그러한 것들로부터 초연해 보라. 무심한 방관자로 삶에 임해 보라. 그 많은 드라마^{drames} 8가 코미디^{comédie} 9로 탈바꿈할 것이다. 춤추는 사람들이 일시에 우습게 보이게 하기 위해서는, 무도회장에서 귀를 틀어막고 음악의 선율을 듣지 않는 것으로 족하다. 도대체 인간의 행위 가운데 몇 가지나 이러한 종류의 시험에서 배

---

8   프랑스어의 'drame'은 연극, 드라마, 비극 등의 의미를 가지고 있다. 이 책에서는 맥락에 따라 다르게 번역하였지만 '드라마'로 번역하는 경우가 많다. '드라마'는 희극과 대비되는 비장한 감정과 사회적 또는 심리적 갈등을 포함하는 심각한 내용의 극을 의미한다. 비극적 성격을 띠는 경우는 '비극'으로 번역할 수 있지만 'tragédie'와는 구별되기도 한다.

9   'comédie'는 코미디(17세기의 전통적인 희극 작품), 희극(웃음을 불러일으키는 연극 작품) 등으로 번역될 수 있다. 이 책에서는 'le comique'과 구별하기 위하여 '희극'보다는 '코미디'로 번역하는 경우가 많을 것이다.

겨날 수 있을 것인가? 인간 행위 대부분이, 그것들에 수반되어 있는 우리들이 느끼는 감정의 반주 음악을 제거한다면, 갑자기 엄숙한 것으로부터 익살스러운 것으로 되지 않을까? 희극적인 것은 결국 그 모든 효과를 산출하기 위해서는 감정의 일시적인 마비 상태와 유사한 어떤 것을 필요로 한다. 그것은 순수한 지성에 호소하는 것이다.

다만 이 지성은 다른 사람들의 지성과 관계를 맺어야만 한다. 이것이 바로 우리가 관심을 끌고자 하는 세 번째 사실이다. 우리는 스스로가 다른 사람과 유리되어 있다고 느끼는 한 우스운 것을 즐길 수 없을 것이다. 웃음은 남들의 반향을 필요로 하고 있는 듯이 보인다. 웃음소리를 잘 들어 보라. 그것은 분절되고, 분명하고, 종결을 짓는 음성이 아니다. 그것은 점점 반향되면서 연장되어지기를 원하는 것, 마치 산중의 천둥소리처럼 파열음으로 시작하여 연속적으로 두드리는 북소리처럼 한없이 이어나갈 듯한 것이다. 그러나 사실에 있어서 이 반향은 무한히 나아가지는 않는 것이 확실하다. 그것은 우리가 원하는 만큼의 큰 범위 안에서 진행될 수 있으나, 그럼에도 불구하고 그 범위는 한정되어 있는 것이다. 우리들의 웃음이란 언제나 어떤 한 집단의 웃음이다. 아마도 여러

분은 열차나 음식점의 식탁에서 다른 여행객들이 주고받는 이야기를 들은 적이 있으리라. 사람들이 마음 놓고 웃어대는 것을 보면 그 이야기가 그들에겐 우스운 것임에 틀림없다. 아마 당신이 그들과 같은 일행이었다면 그들처럼 웃었을 것이다. 그러나 그렇지 않았던 까닭에 당신은 웃고 싶은 마음이 털끝만치도 없었던 것이다. 어떤 사람이, 모든 사람이 설교를 듣고 눈물을 흘리고 있는데 홀로 울지 않고 있었다. 그래서 그 이유를 물었더니 이렇게 대답했다는 것이다. "나는 이 교구 소속이 아닌걸요." 이 사람이 눈물에 관해 생각하고 있던 것은 웃음에 관해서는 더욱 들어맞는 것이 되리라. 사람들은 웃음이 솔직한 것이라고 생각한다. 그러나 실은 웃음이란 실제적이거나 또는 상상적이거나 같이 웃는 다른 사람들과의 일치, 말하자면 공범의식 같은 것을 숨기고 있는 것이다. 극장에서의 관객의 웃음은 장내가 만원을 이룰수록 더 커진다는 것은 누누이 이야기된 바가 아닌가? 다른 한편, 희극적 효과를 지닌 많은 것들이 한 언어에서 다른 언어로 옮겨질 수 없으며, 결국 각 사회의 관습과 관념과 상호관계가 있다는 사실도 수없이 지적된 것이 아닌가? 그런데 이제까지 사람들이 희극적인 것에서 정신이 즐기는 단순한 호기심을,

웃음 자체에서는 여타의 인간 활동과 아무 관계없는 기이하고 유리된 현상을 발견한 것은 이 두 가지 사실이 지니는 중요성을 충분히 이해하지 못했기 때문이었다. 그리하여 희극적인 것을 "지적인 대조"[10]니 "감각적 부조리"[11]니 등등, 관념들 사이에서 파악된 추상적 관계로 돌려버리려고 하는 정의들이 생겨난다. 이러한 정의들은 비록 희극적인 것의 모든 형태에 실제로 적용된다 해도 왜 희극이 우리를 웃기게 하는가에 관해서는 아무에게도 설명해 주지 못할 것이다. 결국 다른 모든 논리적 관계가 우리의 신체에 아무런 영향도 주지 못하는데 반해, 무슨 연유로 웃음이 지닌 이 특수한 논리적 관계는, 그것을 우리가 이해하자마자, 우리의 신체를 수축하고 확장하고 뒤흔들어 놓는 것일까? 그러나 우리가 문제를 다루는 것은 이러한 측면이 아니다. 웃음을 이해하기 위해서는 웃음을 사회라고 하는, 그것의 자연스러운 본래적 환경에 다시 위치시켜야 한다. 무엇보다도 웃음이 지니고 있는 유용한 기능, 즉 사

---

10 독일의 정신과 의사 크레펠린Emil Kræpelin과 그의 이론을 따른 립스Theodor Lipps나 뒤몽Léon Dumont의 주장. 베르그손의 참고문헌에 이들의 연구가 포함되어 있다.

11 칸트와 쇼펜하우어가 대표적이다.

회적 기능을 규명해야만 한다. 지금부터 밝히겠지만, 이것이 이제부터 우리들의 모든 연구를 이끄는 이념이 될 것이다. 웃음은 공동적인 삶의 어떤 필요에 대답하는 것임이 틀림없다. 웃음은 사회적인 의미를 가져야만 하는 것이다.

우리가 위에서 행한 세 가지 예비 고찰이 수렴하는 점을 분명히 해두기로 하자. 웃음은 집단의 성원들이 그들 중의 한 사람에게 주의를 집중시키면서, 그들의 감성을 침묵시키고, 다만 지성을 행사할 때 생기는 듯하다. 그렇다면 그들의 주의가 향해야 할 특수한 사항은 무엇인가? 이때 지성은 무엇에 작용하는 것일까? 이러한 문제들에 대답하는 것은 이미 문제에 보다 가깝게 바짝 다가가는 것이리라. 그러나 몇 가지 예를 드는 것이 반드시 필요하게 되었다.

II. 희극적인 것의 근원과 기능: 기계적 행위와 부주의

한 사나이가 길거리를 달리다가 비틀거리더니 쓰러진다. 지나가던 사람들이 웃음을 터뜨린다. 만일 사람들이, 그가 갑자기 땅바닥에 주저앉을 생각이 들었다고 가정할 수 있다면 웃지 않을 것이다. 사람들은 그가 본의 아니게 주저앉았다는 사실을 보고 웃는 것이다. 따라서 웃음을 자아내게 하는 것은 태도의 급작스런 변화가 아니라, 이 변화에 본의 아닌 것이 있다는 것, 즉 실수인 것이다. 어쩌면 돌멩이가 하나 길 위에 있었는지도 모른다. 그는 걸음걸이의 속도를 바꾸거나 장애물을 비켜났어야 했다. 그러나 유연성의 부족으로 혹은 잠시 정신을 팔다가 또는 몸의 경직성 때문에, 요컨대 **신체의 뻣뻣함이나 이미 지닌 속도의 결과로** 상황이 다른 것을 요구했을 때 근육은 같은 운동을 계속해서 한 것이다. 이것이 그 사람이 넘어진 이유이며 행인들이 웃음을 터뜨린 까닭이다.

이제 수학적인 규칙성을 가지고 소소한 일들을 처리하는

어떤 사람이 있다고 치자. 다만 짓궂은 장난꾼이 그를 둘러싸고 있는 물건들을 바꿔치기 했다. 그 사람은 잉크병에 펜을 찍었는데 잉크 대신에 진흙을 끄집어내고, 튼튼한 의자에 앉는다고 믿고 자리에 앉다가 방바닥에 벌렁 나자빠지고, 결국 언제나 이미 몸에 밴 속도의 결과로 인해 엉뚱하게 행동하거나 헛되이 움직이는데, 이것은 습관이 행위의 속도를 몸에 각인했기 때문이다. 그는 행위를 중단하거나 바꿨어야 했다. 그러나 천만에, 그는 기계적으로 곧이곧대로 행위를 계속한 것이다. 따라서 사무실에서의 짓궂은 장난의 희생자는 길거리에서 뛰어가다 나동그라진 사람과 유사한 상황에 있다. 그는 동일한 이유로 우스꽝스러운 것이다. 이 두 경우에 있어서 웃음을 자아내게 하는 것은 우리의 주의 깊은 적응성과 민첩한 유연성이 필요로 하는 상황에서의 어떤 **기계적인 뻣뻣함**이다. 이 두 경우에 있어서의 유일한 차이점이란 전자의 경우는 제 스스로 일어난 데 반하여, 후자는 인위적으로 얻어진 것이라는 점이다. 앞의 경우에서 행인은 오직 **지켜보았을** 따름이며 뒤의 경우에는 짓궂은 장난꾼이 **실험한** 것뿐이다.

어쨌든 이 두 경우에 있어서 결과를 불러일으킨 것은 외적인 상황이다. 따라서 희극적인 것은 우발적인 것이다. 그것은 말하자면 사람의 표층에 위치해 있는 셈이다. 어떻게 희극적인 것이 내부로 파고 들어갈 수 있을까? 기계적인 경직성이 드러나기 위해서는 상황의 우연성이나 사람의 장난에 의한 장애가 필요하지 않아야 할 것이다. 즉 그것이 자연스러운 작용을 통해 사람의 고유한 내적 기반으로부터 외부로 표현되는 끊임없이 되풀이된 계기를 이끌어 낼 수 있어야 하는 것이다. 따라서 마치 반주에 뒤처져서 부르는 노래처럼, 현재 그가 하는 일이 아니라 그가 막 수행한 일에 항상 몰두해 있는 사람을 가정해 보자. 감각과 지성이 선천적으로 유연성을 결여하고 있어서, 더 이상 눈앞에 있지 않은 것을, 이미 사라진 소리를, 그리고 더 이상 어울리지 않는 말을 계속해서 보고, 듣고, 지껄이는 사람, 결국 현재의 실재성에 대처해야 할 때 지나간 상상적 상황에 적응하기를 그치지 않는 사람의 경우를 생각해 보자. 이 경우에 있어서 희극적인 것은 바로 그 사람 내부에 자리 잡을 것이다. 희극적인 것의 모든 것, 즉 소재와 형식, 원인과 계기를 부여하는 것은 바로 사람 자신이다. **멍청하게 얼이 빠져 있는 사람**이 (왜냐하면 우리가 이제까지 묘사한 인물이 바로 그러한 경우이니까) 일반적으로 희극 작가들의 재치를 한껏 불러일으켰다는 사실이 놀라운 일일까? 라 브뤼예르[12]도 그의 『성격론』에서 이런 인물을 다루었는데, 그는 분석을 통해 이러한 사람으로부터 희극적인 효과를 얼마든지 이끌어 낼 수 있는 처방을 찾아냈다고 확신했다. 그러나 그는 이것을 지나치게 남용했다. 그는 메날크[13]에 관해 과도하게 중언부언하고 강조하면서, 가장 길고도 정치한 묘사를 했다. 아마도 주제의 용이함에 사로잡혔기 때문이리라. 결국 방심은 아마도 희극적인 것의 원천 자체라고까지는 할 수 없을지 모르나, 그 원천에서 직접적으로 도출되는 일련의 사실과 생각들에 확실히 관계하고 있는 것이다. 그것은 웃음의 가장 자연스러운 경향의 하나를 이루는 것이다.

그러나 방심의 효과는 강화될 수 있다. 우리가 그 첫 번째 적용을 이제 막 찾아낸 일반 법칙이 있는데, 그것은 이렇게 표현할 수 있으리라. 어떤 우스운 결과가 어떤 원인에 의해 일어

------

12 La Bruyère(1645~1696). 17세기 프랑스 모럴리스트들 중에서도 최고봉으로 꼽히는 인물 중의 한 명으로서 1688년 당시의 풍속과 사람들의 성격을 풍자적으로 묘사한 『성격론*Les Charactères*』(1688)으로 큰 성공을 거두었다.

13 메날크*Ménalque*는 『성격론』의 11장 「인간에 관하여」에 나오는 인물로 대표적으로 '방심한 사람', '얼빠진 사람'으로 묘사된다. 예를 들어 귀족 신분인 메날크가 궁으로 가기 위해 집을 나서는데, 반만 면도한 얼굴에 머리에는 침실용 모자를 쓰고 있고 오른쪽에 검을 찬 자신의 모습을 발견하는 장면이 나온다.

났을 때, 그 결과는 원인이 보다 자연스럽게 생각되면 될수록 더욱 우스꽝스러워진다. 단순한 사실로서 제시된 방심 상태가 웃음을 자아내게 하는 것을 우리는 보았다. 그런데 이 방심 상태는, 그것이 우리가 빤히 보는 가운데서 생겨나고 발전해서, 우리가 그 기원을 알고 그 내력을 재구성할 수 있을수록 더 우스운 것이 된다. 따라서 하나의 분명한 예로서 연애소설이나 기사도 소설을 평소 즐겨 읽는 사람을 가정해 보자. 소설의 주인공들에 이끌리고 매혹이 되어 그의 사고와 의지가 조금씩 그리로 쏠린 나머지, 마침내 몽유병자처럼 돌아다니게 되었다. 그의 행동은 얼빠진 상태에서 유래한다. 다만 이러한 얼빠진 상태는 잘 알려진 확실한 원인에 결부되어 있는 것으로 순수하고 단순한 **방심**이 아니다. 그것은 비록 상상적이긴 하지만, 인물이 일정하게 **정해진 환경에 있는 것**으로 설명된다. 말할 것도 없이, 이것도 발을 헛디뎌 넘어지는 것임에는 분명하지만, 그저 멍하니 다른 데를 쳐다보고 가다 우물에 빠진 경우와 별을 열심히 쳐다보고 가다 우물에 빠진 경우는 다른 것이다.[14] 돈키호테Don Quixote가 명상에 잠겼던 것은 바로 하늘의 별

---

14 플라톤의 『테아이테토스』에는 밀레토스의 철학자 탈레스가 별을 관찰하다가 우물

이었다. 이 낭만적이고 몽상적 정신이 추구한 별에는 얼마나 심오한 희극적인 것의 요소가 깃들어 있는가! 그러나 웃음의 매체임이 분명한 방심에 관한 생각을 정리한다면, 이 깊은 웃음의 요소도 가장 피상적인 웃음거리와 연결되어 있음을 보게 된다. 그렇다. 이 몽상가, 이 광신자 그리고 이상하게 사리 분별이 있는 미친 사람들은, 우리가 이미 살펴본 사무실에서의 짓궂은 장난의 희생자나 거리에서 미끄러져 넘어진 행인과 같이, 우리에게 동일한 마음의 현絃을 울리고, 동일한 내적 기제를 작동시킴으로써, 우리의 웃음을 자아내는 것이다. 그들 역시 길거리에서 뛰어가다 넘어지는 사람이며, 사람이 즐겨 속이는 순진한 자들이다. 다만 그들은 현실에 걸려 비틀거리는, 관념적으로 달리는 사람이며 삶이 짓궂게 그 허虛를 노리고 있는 순진한 몽상가일 뿐이다. 그러나 그들은 위대한 방심가들로서 다른 방심 상태의 사람들보다 다음과 같은 점에서 우월한 것이다. 즉 그들의 방심은 하나의 핵심적 관념을 중심으로 체계화되고 유기화되어 있으며, 그들의 어처구니없는 낭패 역

에 빠졌다는 일화가 나온다. 이 광경을 본 트라키아 출신의 총명한 하녀는 발아래 일도 모르면서 어떻게 하늘의 일을 알려고 하느냐며 탈레스를 비웃었다고 한다.

시 냉혹한 논리에 아주 잘 연결되어 있어서 현실이 그 꿈을 교정하기에 골몰하게 된다. 그리고 그들은 이런 점에서 계속 더해져서 불어나는 결과를 통해 무한히 확산적인 웃음을 주위에 불러일으킨다.

여기서 한 걸음 더 나아가 보자. 고정관념의 경직성이 정신에 대해 갖는 관계는, 어떤 악덕이 성격에 대해 갖는 관계일 수 있지 않을까? 그것이 천성적인 나쁜 버릇이든 아니면 의지의 위축이든 간에, 악덕은 많은 경우에 있어서 영혼의 굴곡과 닮아 있다. 의심할 바 없이 세상에는 영혼이 그의 풍요한 잠재력을 지닌 채 깊이 물들어 있는 악덕들이 있다. 그러면 영혼은 이러한 악덕들을 불러일으켜 더욱 활기를 띠며 변화의 유동적인 순환으로 몰고 간다. 그러한 것들이야말로 비극적인 악덕들이다. 그러나 우리의 웃음을 자아내게 하는 악덕은 이와는 달리 우리의 밖에서 주어지는 것으로 마치 우리가 거기에 삽입되는, 이미 만들어진 틀과 같은 것이다. 그것은 우리의 유연성을 빼앗아 가지는 않는 대신에 우리에게 그의 경직성을 강요한다. 우리는 이러한 악덕을 복잡하게 하지 않는다. 반대로 그 경직성이 우리를 단순하게 할 뿐이다. 이 점에 있어서 바로—우리가 마지막 장에서 자세히 보여주겠지만—코미디와 드라마의 본질적 차이점이 존재한다. 드라마는 설사 그것이 어떤 이름으로 불릴 수 있는 열정이나 악덕을 묘사할 때에도 그것들을 주인공에 아주 잘 합치시키기 때문에, 그 이름들은 잊혀지고, 그러한 열정이나 악덕의 일반적 특성들이 소멸되므로, 우리는 그것들 자체를 전혀 생각하지 않고 그것들을 구현하고 있는 주인공을 생각하게 된다. 이것이 비극적 드라마의 제목이 오로지 고유명사를 취할 수 있는 이유다. 반대로 많은 코미디들은 **수전노, 노름꾼** 등 보통명사를 제목으로 가지고 있다. 만일 내가 여러분에게 예컨대 **질투쟁이**라고 불리어질 수 있는 작품을 상상해보라고 한다면, **스가나렐**^{Sgnarelle}15이나 **조르주 당댕**^{Gerge Dandin}16이 머리에 떠오르지 **오셀로**17가 생각나지는 않을 것이다. 질투쟁이는 희극의 제목이 될 수 있을 뿐이다. 그 이유는 희극적인 악덕은 그것이 아무리 등장인물들과 내적으로 융합된다 해도 여전히 자신의 독자적이고 단순한 존재를 유지하기 때문이다. 그러나 보이지 않지만 현존하는 중심인물

---

15   몰리에르Molière가 쓴 희곡 「억지 의사Le Médecin malgré lui」의 남자 주인공.
16   몰리에르의 발레 희곡 「조르주 당댕George Dandin」의 주인공.
17   셰익스피어의 4대 비극의 하나인 「오셀로Othello」의 주인공.

이 남아 있는데, 거기에 무대 위에 등장하는 육신을 가진 구체적인 인물들이 연결되어 있다. 때때로 이 희극적 악덕은 주인공들을 자신의 몸무게로 끌어당겨 함께 경사를 구르듯이 어려운 상황에 빠지는 것을 즐긴다. 그러나 대부분의 경우에 있어서 그는 주인공들을 마치 악기처럼 연주하고 인형처럼 멋대로 부린다. 이 점에 관해 좀 더 살펴보도록 하자. 희극 작가의 기교는 우리로 하여금 이 악덕을 아주 잘 깨닫게 해서, 관객인 우리를 그 악덕의 내밀한 곳으로 인도함으로써 희극 작가가 움직이는 꼭두각시의 줄 몇 가닥을 함께 붙들게 되는 것을 볼 것이다. 이쯤 되면 우리가 그 줄을 잡고 공연하는 셈이다. 우리가 희극에서 느끼는 재미의 일단은 여기에서 유래한다. 따라서 여기서도 마찬가지로 우리를 웃게 하는 것은 일종의 기계적 동작임이 분명하다. 그리고 또한 이 기계적 동작은 단순한 방심 상태와 아주 유사한 것이다. 이것을 확실히 납득하기 위해서는 희극적 인물은 일반적으로 그가 제 자신을 망각하는 한에서 희극적이라는 사실을 지적하는 것으로 충분하리라. 희극적인 것은 **무의식적**이다. 마치 '기게스의 반지'[18]를 역효과를

---

18   고대 그리스의 철학자 플라톤의 저서 『국가』 2권에 나오는 가공의 마법 반지. 이 반

갖게 낀 것처럼, 그는 모든 사람에겐 환히 보이면서도 실상 제
자신은 스스로에게 보이지 않게 된다. 비극의 주인공은 우리
가 그의 행동을 어떻게 판단하리라는 것을 잘 알고 있으므로
자신의 행동을 바꾸지는 않을 것이다. 그는 자신에 대한 분명
한 의식과 그가 우리에게 유발시키는 공포에 대한 아주 명확
한 느낌을 갖고 있다 할지라도 그의 행동 양식을 집요하게 고
집할 것이다. 그러나 희극에 등장하는 얼간이는 스스로가 웃
음거리가 된 줄 아는 순간 적어도 외면적으로는 자신을 교정
하려고 애쓴다. 만일 아르파공^{Harpagon}19이 우리가 그의 인색함
을 보고 웃고 있음을 알면, 자신의 인색함을 고칠 것이라 말하
지는 못하겠지만, 적어도 인색함을 적게 드러내거나 다른 방
식으로 드러내려고 할 것이다. 웃음이 "사악한 품행을 단죄한
다"는 것은 바로 이러한 의미에서임을 우리는 말할 수 있다.
웃음은 우리로 하여금 마땅히 그러해야 하고, 언젠가는 진정
으로 이루어야 할 바의 사람으로 자신을 보이게끔 곧바로 애
쓰도록 하는 것이다.

지는 소유자의 마음대로 자신의 모습을 보이지 않게 할 수 있는 신비한 힘이 있다.
19　몰리에르가 쓴 5막의 희곡 「수전노」L'Avare」에 등장하는 주인공.

그러나 지금으로서는 이러한 분석을 더 밀고 나갈 필요가 없다. 길거리를 뛰어가다 넘어지는 사람에서 사람들한테 속임수를 당하는 사람으로, 속임수에서 방심으로, 방심에서 과장으로, 과장에서 의지나 성격의 다양한 왜곡에 이르기까지, 우리는 희극적 성격이 점점 인물 속에 깊이 자리잡는 과정을 추적해 보았다. 이러한 진전을 통해서 우리는 희극적인 것은 가장 정교한 표현에 있어서도, 훨씬 세련되지 못한 형태에서 발견한 것, 즉 기계적 동작과 경직성의 결과라는 것을 떠올릴 수 있었다. 이제 우리는 인간성에 있어서 웃음을 자아내게 하는 측면과 웃음의 일상적 기능에 관해—아직도 대략적이어서 막연하고 모호하긴 하나—첫 번째 관점을 얻을 수 있다.

삶이나 사회가 우리들 각자에게 요구하는 것은 현재 상황의 우여곡절을 분간하는 끊임없이 각성된 주의, 나아가서 그러한 우여곡절에 적응하게끔 하는 신체와 정신의 유연성이다. **긴장과 유연성**, 이것이야말로 삶을 유지하기 위해 근거로 삼는, 상보적인 두 힘이다. 이것이 신체에 있어서 결핍된다면 그것은 모든 종류의 사고와, 장애나 병 등을 야기한다. 이 결핍이 정신에 작용한다면, 모든 종류의 정신박약과 광기를 가져온다. 마지막으로 성격에 관계하면 어떻게 될까? 그때는 사회생활에 대한 심각한 부적응, 궁핍의 근원, 때로는 범죄의 계기가 될 것이다. 생존의 중대한 측면에 관계하는 이러한 결함이 제거되어야만 (이러한 결함은 흔히 사람들이 생존 경쟁이라고 부르는 것 속에서 사라지는 경향이 있다.) 사람은 살 수 있으며 특히 다른 사람들과 함께 살아갈 수 있다. 그러나 사회는 이것 이상의 다른 것을 요구한다. 사회생활에 있어서는 그저 사는 것만으로 충분하지 않다. 사회는 잘사는 것을 추구하는 것이다. 사회가 이 점에 있어서 두려워하는 것은 우리들 개개인이 삶의 본질적인 것에 주의를 기울이는 것에 만족한 나머지 그 이외의 것은 이미 붙여진 습관의 안이한 기계적 동작에 내맡기는 것이다. 또 한 가지 사회가 염려하는 것은 사회의 구성원들이 보다 더 정확하게 서로서로에 동화되기 위해 그들의 의지 상호간의 보다 섬세한 균형을 추구하는 대신에, 이 균형의 근본적인 조건을 지키는 것만으로 만족해버리지나 않을까 하는 것이다. 사람들 사이의 기존의 화합만으로는 충분하지 않다. 사회생활은 상호 적응의 끊임없는 노력을 요구하는 것이다. 따라서 성격이나 정신, 나아가 신체가 갖는 모든 **경직성**은 사회 속에서 경계되어야 할 것이다. 왜냐하면 그것은 긴장이 풀린 얼빠진 행동과 고립되어 가는 행동, 즉 사회가 그것을 중심으로 돌아가는 공통적인 중심으로부터 일탈하는 행동, 결론적으로 상 궤를 벗어난 엉뚱한 행동을 나타내는 징표이기 때문이다. 그러나 사회가 이러한 행동에 의해 실제적으로 크게 위해를 받지 않기 때문에, 사회는 물리적인 강압으로 이에 개입할 수 없다. 사회는 여기서 자기를 불안하게 하는, 그러나 오직 징후로서 나타나는 어떤 것에—위협이라기보다는 차라리 제스처라고 할 수 있는 것에—직면해 있는 셈이다. 따라서 사회는 이것에 오직 단순한 제스처로서 대응하는 것이다. 웃음이란 이러한 류의 어떤 것, 일종의 **사회적 제스처**geste social임에 틀림없다. 웃음은 그것이 일으키는 불안감으로 여러 종류의 중심 이탈 작용을 제어하고, 자칫하면 유리되고 마비되기 쉬운 자잘한 우리의 일상적 행동들을 끊임없이 각성시켜 서로 조화를 이루도록 하는 것이니, 이것은 결국 사회 집단의 표층에 남아 있을 수 있는 기계적 경직성의 모든 요소들을 완화시키는 것이다.[20] 따라서 웃음은 순수 미학의 영역에 속하지 않는다. 그 이유는 웃음은 넓은 의미에 있어서의 개선이라고 하는 유용한 목적을 (무의식적으로 그리고 많은 구체적 경우에 있어서 부도덕한 방식으

20　여기서 웃음에 대한 베르그손의 분석이 갖는 사회학적 특성이 분명히 드러난다.

로) 추구하고 있기 때문이다. 그럼에도 불구하고 웃음은, 사회와 개인이 그들의 자기 보존의 염려에서 해방되어 서로 스스로를 예술 작품처럼 대하기 시작하는 순간에 생겨나기 때문에 미학적인 요소를 지니고 있다. 한마디로 요약하면 개인적이고 사회적인 생활을 침해하며 그래서 당연한 결과로서 제재를 받게 되는 일련의 행동과 성향의 주변에 원을 그린다면, 이러한 감정과 투쟁의 영역 밖에, 사람이 단순히 다른 사람의 구경거리가 되는 중성 지대에 어떤 종류의 신체적, 정신적 그리고 성격적인 경직성이 있는 것이다. 사회는 그 구성원들로부터 가능한 한 최대의 유연성과 최고의 사회성을 얻기 위해 이러한 경직성을 제거하고자 한다. 이 경직성이 희극적인 것이며, 남들의 웃음은 그것에 대한 징벌인 것이다.

그러나 이 단순한 공식에서 모든 웃음을 자아내는 효과에 대한 직접적인 설명을 제공받으리라고 기대하지는 말자. 아마도 이것은 희극적인 것에 어떠한 혼합물도 섞이지 않은 기본적이고, 이론적인 따라서 완전한 경우에 적합할 뿐이다. 그러나 우리는 우선 이것을 웃음에 대한 모든 설명을 인도하는 **라**

이트모티프Leitmotiv 21로 삼고자 한다. 이것에 관해 지나치게 길게 늘어놓지는 않겠지만 항상 염두에 두어야 할 것이다.—이것은 어느 정도 훌륭한 검객이 결투를 벌인다고 할 때, 그의 몸으로는 결투의 연속적 동작을 해나가면서도 머릿속에서는 검술학의 기본이 가르치는, 불연속적인 여러 움직임을 생각해야 하는 것과 같다.22 이제 우리가 재건하려고 하는 것은 희극적 형태의 연속적 계통 자체이다. 이것을 위해 우리는 어릿광대의 익살에서 코미디의 가장 정교한 유희로 이어지는 실을 잡고, 왕왕 예기치 않은 우회가 나타날 때는 이 실을 따라가다, 이따금씩 주위를 둘러보기 위해 머무르기도 할 것이다. 그리고 마지막으로, 가능하다면 이 실이 매어져 있는 원점으로 되돌아가서 예술과 삶의 일반적 관계를 살펴볼 것이다.—왜냐하면 형태에 있어서 희극적인 것은 삶과 예술 사이를 왕래하는 것이기 때문이다.

---

21 독일어에서 '이끌다'는 뜻의 'leiten'과 '동기', '주제'라는 뜻의 'Motiv'가 결합된 단어. 연극이나 음악에서 중심 주제의 방향을 알려주기 위해 반복되는 단어나 이미지 또는 악구를 의미한다. 시도(示導)동기, 주도(主導)동기, 유도(誘導)동기 등으로 번역할 수 있다. 여기서는 위에서 설명된 웃음이 가지는 사회적 기능이 라이트모티프가 된다.

22 베르그손은 젊은 시절 승마와 검술(펜싱)을 즐겼다고 한다. 이러한 예는 자신의 경험을 바탕으로 한 것으로 보인다.

Ⅲ. 형태에 있어서 희극적인 것

가장 간단한 것에서부터 시작해 보자. 코믹한 얼굴 모습은 무엇일까? 어디에서부터 얼굴의 우스꽝스러운 표현이 유래하는가? 그리고 이때 희극적인 것과 못생긴 것을 구분하는 것은 무엇일까? 이런 식으로 질문을 제기하다 보면 문제가 임의적인 방식으로 해결될 수밖에 없는 듯하다. 질문이 아무리 단순하게 보인다 할지라도 그것은 이미 정면에서 접근하기엔 지나치게 미묘한 것이다. 따라서 우선 추함이 무엇인지를 정의하고, 그리고 나서 희극적인 것이 거기에 무엇을 덧붙이는지를 찾아보아야 할 것이다. 그런데 추함은 아름다움을 분석하는 것보다 결코 쉬운 일이 아니다. 그러나 우리는 많은 경우 우리에게 도움을 준 교묘한 수단을 이용해 볼 것이다. 말하자면 그 원인이 확연히 눈에 드러나게 효과를 확대하는 방식으로 문제를 부풀리는 것이다. 추함을 과장해서 그것을 기형에까지 밀고 나가 어떻게 기형적인 것에서 우스꽝스러운 것에로 이전하는가를 보도록 하자. 어떤 형태의 기형은 다른 것과는 달리 웃음을 불러일으키는 슬픈 특권을 지니고 있다는 사실은 의심의 여지가 없다. 이 점에 있어서 세부에까지 파고 들어갈 필요는 없다. 다만 독자가 여러 가지 기형들을 검토해 보고 그들을 두 무리—한편은 그 본성이 우스꽝스러운 것으로 유도하는 것과 다른 한편은 절대적으로 거기에서 유리되는 것—로 나누도록 해보자. 그러면 다음과 같은 법칙을 이끌어 내게 되리라고 믿는다. **정상적인 사람이 흉내 낼 수 있는 모든 기형은 희극적이 될 수 있다.** 이렇게 보면 곱사등이는 자신의 몸을 제대로 가누지 못하는 사람의 인상을 주는 경우가 아닐까? 그의 등은 나쁜 버릇이 몸에 밴 듯하다. 그리고 신체의 완고함 즉 일종의 경직성으로 말미암아 그는 몸에 밴 이 습관 속에 매어 있는 듯한 것이다. 오직 여러분의 눈으로 보기만 해보라. 아무런 생각도 하지 말고 특히 따지지 않도록 해보라. 순진하고 직접적이고 본래적인 인상을 찾도록 해보라. 그러면 여러분이 얻게 되는 종류의 인상이란 바로 이런 것이 될 것이다. 즉 일정한 형태로 몸을 굽혀 경직된 자세를 취하려 했던, 말하자면 얼굴을 찡그리듯이 그의 몸뚱이를 찡그리려 했던 사람의 모습을 여러분 앞에서 발견하게 될 것이다.

이제 우리가 명확히 밝혀 보려고 했던 점으로 돌아가 보자. 우스꽝스러운 기형의 정도를 완화함으로써, 우리는 희극적인 추함을 얻을 수 있음이 틀림없다. 따라서 얼굴의 우스운 표현이란 얼굴의 일상적인 유연성 속에서 어떤 굳어진 것, 응고된 것을 우리로 하여금 생각하게 하는 것이다. 풀어지지 않는 얼굴의 경련, 굳어 버린 찡그린 표정, 이런 것들이 바로 위의 경우에서 우리가 발견할 수 있는 것들이다. 이렇게 말하면 얼굴의 습관적인 모든 표현은, 그것이 우아하고 아름다운 것이라 해도 영원히 몸에 밴 어떤 습관과 같은 인상을 주는 것이 아니냐고 묻는 사람이 있을 법하다. 그러나 이에 대해선 한 가지 중요한 구별을 해야 할 것이 있다. 우리가 아주 뛰어난 미모나 나아가 추한 모습에 관해 말할 때 또는 어떤 얼굴이 특정한 표정을 지녔다고 말할 때, 이때 문제가 되는 표정은 아마도 안정적으로 유지되는 것이지만, 우리는 그 표정이 다양하게 변화한다는 사실을 짐작한다. 얼굴이 지닌 일정한 표정이란 그 고정된 형태 속에서 그때그때의 마음 상태를 표현하고 싶은 가능한 모든 뉘앙스를 막연하게나마 그리는 불확정성을 지니고 있다. 이것은 마치 쨍하니 더운 한낮에 대한 전조가 어느 봄날의 안개 자욱한 아침 속에서 숨 쉬고 있는 것과 같은 것이리라. 그러나 표정의 희극적 표현이란 그것이 현재 제공하고 있는 것이상으로 아무것도 예상하게 하지 않는 표현이다. 그것은 유일하고 결정적인 찌푸린 표정일 뿐이다. 우리는 그 사람의 모든 정신적 삶이 이러한 체계 속에 구체화되어 있는 것 같다고 말할 수 있다. 그리고 바로 이런 이유로 어떤 얼굴이, 그 속에 한 인격이 언제까지나 흡수된 듯한 어떤 단순하고 기계적인 행동에 대한 생각을 우리에게 암시하면 할수록 더욱 우습게 느껴지는 것이다. 한없이 울기만 할 듯한 표정이 있는가 하면, 어떤 얼굴은 웃거나 휘파람을 부는 듯한 인상을 주고, 또는 상상 속의 트럼펫을 끝도 없이 불어 대는 듯한 표정이 있기도 하다. 이런 것들이 모든 얼굴 중에서 가장 희극적인 것들이다. 여기에서 웃음의 효과는 우리가 그 원인을 더 자연스럽게 설명할수록 결과는 더욱 희극적으로 된다는 법칙을 다시 한 번 확인할 수 있다. 기계적 동작, 경직성, 몸에 배어서 일정 기간 계속 유지되는 습관, 이런 것들이 우리를 웃게 하는 표정이다. 그러나 웃음의 효과는 우리가 이러한 성격들을 보다 깊은 원인, 즉 정신이 단순한 행동의 물질성에 의해 홀리거나 최면당한 것처럼 어떤 **근본적인 방심 상태**와 결합할 수 있을 때 더욱 강화된다.

따라서 우리는 풍자화caricature가 갖는 희극적 성격을 이해할 수 있을 것이다. 사람의 얼굴이란 그 생김생김이 아무리 반듯하다 할지라도, 그 윤곽이 아주 잘 조화된 것으로 생각될 수 있다 해도, 그 움직임이 매우 유연하다고 해도, 균형은 결코 절대적으로 완전하지는 않은 법이다. 얼굴에서 우리는 언제나 예측되는 주름의 표시나, 가능한 찡그린 모습에 대한 어렴풋한 흔적, 오히려 있는 그대로의 모습이 뒤틀어진 것 같은 변형을 선호하는 모습으로 식별할 수 있다. 캐리커처의 기술이란 때때로 눈에 띄지 않는 이 경향을 포착하여 확대함으로써 모든 사람의 눈에 확연히 드러나도록 하는 것이다. 그것은 모델이 스스로 극한에까지 얼굴을 찌푸릴 때, 그렇게 될 것과 같은 형태로 인물의 표정을 왜곡시킨다. 풍자화의 기교는 용모가 지니고 있는 표면적인 조화 밑에 깊숙이 감춰져 있는 물질의 저항을 예감하는 것이다. 그것은 본래의 형태 안에서 희미한 윤곽의 상태로 틀림없이 있으나, 보다 높은 힘에 의해 제지당해 그 형태를 드러내지 못했던 불균형과 왜곡을 구상화하는 것이다. 풍자화의 기교는 악마적인 일필一筆로, 천사가 기를 꺾어 놓은 악령을 다시 불러일으켜 세우는 것이라 할 수 있으리라. 의심할 나위 없이 그것은 과장적 기법이긴 하지만, 그렇다고 그것의 목적을 단순한 과장으로만 여겨서는 큰 잘못을 저지르게 된다.[23] 왜냐하면 초상화보다도 더 실물에 흡사한 풍자화나 과장적 수법이 거의 눈에 띄지 않는 풍자화가 있는 반면에, 극도로 과장을 하더라도 풍자화의 진정한 효과를 얻지 못할 수도 있기 때문이다. 과장이 희극적인 것이 되기 위해서는 그것이 목적으로 보여서는 안 되고, 화가가 대상의 원래의 모습 속에서 준비되고 있는 것을 발견한 은밀한 왜곡을 우리 눈앞에 분명히 드러내기 위해 사용하는 단순한 수단으로 보여야 한다. 중요하고 흥미로운 것은 바로 이 왜곡이다. 그리고 바로 이런 이유로 우리는 움직일 수 없는 얼굴의 요소들에서 코의 곡선이나 귀의 형태에 있어서까지도 그러한 왜곡을 찾으려고 하는 것이다. 왜냐하면 우리에게 형태는 어떤 움직임을 그려내는 것이기 때문이다. 풍자화가가 어떤 인물의 코의 크기를 변형시킬 경우, 그가 코의 본래 형태는 존중하면서 예를 들어 자연이 이미 의도했던 그 방향으로 코를 길게 늘여 놓는다

---

23 립스Th. Lipps는 『희극과 유머*Komik und Humor*』에서 캐리커처를 과장적 기법에 기반한 일종의 모방이라고 분석한다. 베르그손은 이러한 립스의 주장을 반박하고 있다. 립스의 책은 베르그손의 참고문헌에 나와 있다.

면 진실로 코를 부자연스럽게 만드는 것이라 할 수 있다. 그럼에도 실물의 코가 스스로 길게 늘어나서 그처럼 부자연스러운 형태를 이루기를 원했던 것처럼 우리는 느끼게 된다. 이런 의미에서 우리는 자연이 흔히 풍자화가가 이룩하는 성과를 그스스로 달성하는 경우가 있다고 말할 수 있을 것이다. 자연은 이 입을 길게 찢어지게 하고, 이 턱은 뾰족하게 좁히고, 이 뺨은 부풀어 오르게 했던 그러한 움직임 속에서 보다 합리적인 힘이 지니고 있는 억압적인 감시를 따돌리고, 이러한 왜곡의 극한에까지 나아가는 데 성공한 것처럼 보인다. 그래서 이런 경우에 우리는 스스로의 모습으로 있는 얼굴 모습을 보고 웃음을 터뜨리는데, 말하자면 그것은 스스로 이룩한 풍자화이다.

요약해서 말한다면 우리의 이성이 따르는 이론이야 어떠하든 상상력은 자기 나름의 분명한 철학을 지니고 있다. 상상력은 인간의 모든 모습 속에서 물질을 가공하는 무한히 유연하고, 영원히 움직이고 있는 정신의 노력을 감지한다. 이러한 영혼은 대지가 그것을 끌어당기지 않기 때문에 중력으로부터도 벗어나 있다. 이 영혼은 날개가 달린 듯 가볍게 어떤 것을, 그가 생명을 불어넣는 육체에 전달한다. 이렇게 해서 물질 속을 통과하는 비물질성은 우리가 우아함이라고 부르는 것이다. 그런데 물질은 저항하고 끝내 고집을 부린다. 그것은 언제나 깨어 있는 이 우월한 원리의 활동성을 자기에게로 잡아끌며 자기의 타성으로 역전시키고, 기계주의로 전락시키기를 꾀하는 것이다. 물질은 신체의 영리하게 변화된 움직임들을 미련스럽게 배어버린 습관으로 고정시키고, 얼굴의 생동적인 표정들을 불변하는 왜곡된 형태로 응고시키려고 한다. 물질은 결국 어떤 생생한 이상형과의 접촉을 통해서 끊임없이 스스로를 새롭게 하는 대신, 어떤 기계적인 작동에 매어 있는 물질성 속에 매몰되고 흡수된 듯한 태도를 우리에게 각인하려고 하는 것이다. 물질이 이처럼 영혼의 생명성을 외형적으로 둔화시키고 그 운동성을 고정시켜 결국에는 영혼의 우아함을 성공적으로 저지하게 되면 신체에서 희극적 효과를 획득하게 된다. 따라서 희극적인 것을 그것과 반대되는 것에 연결시켜 정의해본다면, 그것은 아름다움보다는 차라리 우아함에 대립시켜야 할 것이다. 희극적인 것은 추함이라기보다는 오히려 완고함인 것이다.

Ⅳ. 움직임과 몸짓에 있어서 희극적인 것

이제 **형태**의 희극적 요소에서 몸짓이나 움직임의 희극적 요소로 넘어가 보자. 바로 이러한 종류의 사실을 지배하는 듯이 보이는 법칙에 대하여 방금 위에서 읽은 고찰들로부터 어렵지 않게 결론이 도출된다.

신체의 태도나 몸짓, 움직임은 우리로 하여금 단순한 기계 장치를 연상케 하는 바로 그 정도에 비례해서 우스꽝스러운 것이다.

우리는 이 법칙을 일일이 그 직접적인 적용의 실례를 들어 설명하지는 않을 것이다. 그것들은 일일이 열거할 수 없을 정도로 많기 때문이다. 직접적으로 이 법칙을 검증하기 위해서는 코믹 만화가의 작품을 좀 더 자세히 살펴보는 것으로 충분할 것이다. 이때 우리는 이미 특별한 설명을 한 바 있는 풍자적 요소는 제외하고, 그림 자체에는 포함되어 있지 않은 희극적 요소 역시 무시할 것이다. 왜냐하면 우리가 속지 말아야 할 사실로서, 그림의 희극적 요소는 많은 경우에 있어서 다른 것으로부터 빌려 온 것이며, 이러한 경우에 있어서 밑에 쓰인 문구가 절대적인 역할을 담당하고 있기 때문이다. 만화가는 이러한 때에 풍자 작가나 통속 희극 작가의 역할을 동시에 떠맡을 수도 있으며, 그러므로 우리가 웃는 것은 그림 자체에서라기보다는 차라리 풍자나 그림 속에 나타나 있는 희극 장면이라고 말하고 싶다. 그러나 만일 우리가 오직 그림 자체만을 생각한다는 굳은 의지를 가지고 그림에 몰두한다면, 일반적으로 분명하게 그러나 신중하게 사람에게서 관절을 가진 꼭두각시의 모습을 보게 만드는 그 정도에 따라 우스꽝스러워진다는 사실을 발견할 수 있을 것이라 믿는다. 이러한 암시가 분명해서 한 인물의 내면에 있는, 분해될 수 있는 기계장치^{mécanisme}를 투과하는 것처럼 우리가 그것을 분명히 식별해야만 한다. 그러나 또한 암시가 지극히 교묘해서, 팔, 다리 할 것 없이 신체의 각 부분이 기계장치의 부분들로 뻣뻣하게 굳어진 인물 전체도 여전히 살아 있는 사람의 모습을 우리에게 주어야만 한다. 이 두 이미지, 즉 살아 있는 사람의 이미지와 기계의 이미지가 보다 완벽하게 서로 용해되어 있을수록, 희극적 효과는 그만큼 인상적이고 만화가의 기교는 완벽해지는 법이다. 이렇게 본다면, 코믹 만화가의 독창성이란 단순한 꼭두각시 인형에 불어넣어 준 생명의 독특한 양식으로 정의될 수 있을 것이다.

그러나 우리는 여기서 이러한 원리의 직접적인 적용의 구체적 실례들을 제쳐놓고 보다 멀리 떨어진 결과들에 관해서만 언급하기로 한다. 사람의 내면에서 작용하는 기계의 모습은 가지가지의 재미있는 효과들을 관통하고 있는 것이기는 하다. 그러나 그것은 대개의 경우, 그것이 불러일으키는 웃음 속에서 이내 사라져 버리는, 눈앞에서 도망치듯 없어져 버리는 것이다. 따라서 그것을 고정시키기 위해서는 얼마간의 분석과 성찰의 노력이 필요하다.

예컨대 한 연설가에 있어서 몸짓은 말과 자웅을 다투는 듯하다. 마치 웅변을 선망하는 듯 몸짓은 연설자의 생각을 바짝 뒤쫓고 자기도 통역가의 역할을 하길 원하는 것처럼 보인다. 거기까지는 좋다. 그러나 그럴 경우 몸짓은 생각이 진전하는 세세한 부분까지 쫓아가야만 한다. 그런데 사고는 연설의 처음에서 끝까지 싹트고, 꽃피고, 무르익으면서 발전하는 것이다. 결코 그것은 정지하거나 반복되는 법이 없다. 생각은 매순간 변해야만 한다. 왜냐하면 변화하기를 멈춘다는 것은 살기를 그만두는 것이 될 것이기 때문이다. 따라서 몸짓도 생각처럼 생생하게 살아 움직여야 하지 않겠는가! 결코 반복되지 않는다는 생명의 근본 법칙을 받아들여야만 하지 않겠는가! 그러나 실제로 우리가 보는 것은 어떤 팔이나 다리의 운동이 늘 동일한 방식으로 주기적으로 되풀이되는 것이다. 만일 내가 그것을 눈치채고 은근히 재미를 느껴 그것이 다시 되돌아오길 기다렸는데, 내가 기다리던 그 순간에 그런 몸짓이 어김없이 일어난다면, 나는 나도 모르게 웃음을 터뜨리게 될 것이다. 왜 웃을까? 그것은 내 눈앞에 있는 사람에게서 자동적으로 작동하는 기계장치를 보게 되기 때문이다. 그것은 더 이상 생명이 아니라, 생명 속에 자리잡고 생명을 모방하는 자동 장치인것이다.[24] 바로 그것이 희극적인 것이다.

그 자체로서는 조금도 우스꽝스러운 요소가 없는 몸짓이

---

24 베르그손은 앞서 출판한 『의식에 직접 주어진 것들에 관한 시론』과 『물질과 기억』에서 변화의 연속성으로서의 지속에 기계적 반복을 대립시키고 있다. [예를 들어 『시론』(아카넷, 2001), 99-101, 249-250] 이러한 관점은 다음 절 「희극적인 것의 확산력」에서 희극적인 것의 분석을 위한 중심 개념으로 "생명적인 것에 덧붙여진 기계적인 것"을 제시하는 것으로 이어진다.

다른 사람에 의해 흉내 내어질 때 우스워지는 이유도 역시 여기에 있다. 이제까지 사람들은 이 아주 단순한 사실에 대하여 꽤나 복잡한 설명을 찾아왔다. 그러나 조금만 숙고해 본다면 우리는 영혼의 상태는 한 순간에서 다른 순간에로 끊임없이 변하며, 따라서 만일 몸짓이 충실히 우리의 내적 움직임을 따르고 우리의 몸짓도 우리가 사는 것처럼 살아간다면 결코 되풀이될 수 없으리라는 것을 깨닫게 된다. 바로 이런 이유로 몸짓은 어떠한 종류의 모방도 용납하지 않는다. 따라서 우리가 남에 의해 흉내 내질 수 있는 것은 우리가 우리 자신이 되는 것을 그만둘 때 비로소 가능한 것이다. 이 말은 다른 사람은 우리의 몸짓 중에서 기계처럼 획일적인 부분만을, 즉 우리의 살아 있는 인격과는 전혀 상관없는 것만을 모방할 수 있다는 뜻이다. 어떤 사람을 흉내 낸다는 것은 그의 인격 속에 스며들어 가도록 한 자동기계적 부분을 드러내는 것이다. 따라서 바로 정의에 의해서 그것은 희극적인 것이 되며 흉내가 우리를 웃기는 것은 하나도 이상한 것이 아니다.

그러나 몸짓을 흉내 내는 것이 그 자체로서 이미 웃음을 자아내게 하지만 그러한 흉내가 더욱 더 웃음을 터뜨리게 하기 위해서는 몸짓을 변형시키지 않으면서도 어떤 기계적 운동의 방향으로 전향시키면 된다. 이러한 운동의 예로는 톱으로 나무를 자르거나 망치로 모루를 내리치거나 또는 상상의 종을 치는 끈을 지칠 줄 모르고 반복해서 잡아당기는 것 등이다. 이러한 이유는 (비록 그것도 분명히 어느 정도 웃음의 요인으로 작용하기는 하지만) 범속함이 희극적인 것의 본질이기 때문인 것은 아니다. 그것은 차라리 우리가 동작을 마치 용도에 따라 기계적인 듯이 단순한 작동에 연결시킬 때, 이 동작은 더욱 두드러지게 기계적인 것처럼 보이기 때문이다. 이러한 기계적인 해석을 우리에게 암시하는 것이 패러디^{parodie}가 애호하는 상투적 방식 중의 하나임이 틀림없다. 우리는 이 사실을 선험적인 **연역적 방식으로** 추론해냈지만 어릿광대들은 의심할 것 없이 오래 전부터 직관을 통해 이것을 알고 있었다.

이렇게 해서 파스칼^{Pascal}이 그의 『팡세^{Pensées}』의 한 구절에서 제기한 작은 수수께끼가 해결된다. "서로 닮은 두 얼굴은 따로따로 떼어놓고 보면 특별히 웃음을 자아내게 하지 않는데, 함께 있으면 그 유사성으로 웃음을 일으킨다."[25] 우리는 똑같이

---

25 라퓨마판Edition Lafuma으로는 단편 13, 브렁슈빅판Edition Brunschvicg으로는 단편 133에 있다.

말할 수 있으리라. "연설가의 몸짓, 그 각각은 결코 우스꽝스럽지 않지만 반복을 하면 웃음을 자아낸다." 참으로 살아 있는 생명에는 반복이 있을 수 없기 때문이다. 반복과 완전한 유사성이 있을 때 우리는 살아 있는 것의 배후에서 작동하는 기계적인 것이 있지 않을까 의심한다. 여러분이 너무나도 서로 닮은 두 얼굴을 보고 느끼는 인상을 분석해 보라. 그러면 동일한 주형에서 얻어낸 두 개의 사본이나 같은 도장을 찍은 두 인쇄물 또는 같은 원판에서 인화된 두 장의 사진, 결국 공업 생산의 과정을 머리에 떠올리게 됨을 깨닫게 될 것이다. 생명이 기계적인 것으로 방향 전환하는 것이 여기에서 웃음의 진짜 원인인 것이다.

그리고 파스칼이 든 예에서처럼, 단지 두 인물만이 아니라 서로 닮은 가능한 한 많은 인원이 무대에 등장해서 동시에 똑같은 태도를 취하고 똑같은 방식의 몸놀림을 하면서 왔다 갔다 하고 춤추면서 소란을 피운다면, 웃음은 한층 더 커질 것이다. 이런 경우 우리는 틀림없이 인형극을 생각하게 된다. 보이지 않는 줄이 그들의 팔과 팔, 다리와 다리들을, 그리고 한 인물의 안면 근육을 다른 사람의 비슷한 안면 근육에 잇고 있는 것처럼 보인다. 이러한 일치가 강하게 유지되어서 우리 눈에는 동작의 부드러움이 응고되고 모든 것이 기계장치로 굳어진 듯이 보이는 것이다. 이것이 약간은 조잡한 여흥의 밑바닥에 깔려 있는 기교이다. 이러한 여흥을 연출하는 사람들은 어쩌면 파스칼을 읽지 않았으리라. 그러나 그들이 한 것은 틀림없이 파스칼의 저서가 암시한 생각을 오로지 극한에까지 밀고 나간 것이다. 그리고 웃음의 원인이 두 번째 경우에 있어서 기계적 효과를 보는 데 있는 것이라면 첫 번째의 경우에 있어서도 이미 보다 치밀한 방식으로 역시 그런 것이었음이 분명하다.

이제 이러한 분석의 방향을 따라가다 보면 우리가 바로 위에서 정립한 법칙이 갖고 있는, 점점 더 멀리 있지만 중요한 결론들을 어렴풋하게나마 깨달을 수 있게 된다. 우리는 기계적인 효과를 지니고 있으나, 파악하기가 보다 더 어려운 모습들, 즉 단순히 몸짓에 의해서가 아니라, 한 인간의 복잡한 행동에 의해 암시되는 모습들을 예감할 수 있다. 희극의 일상적인 기교들, 즉 어떤 대사나 장면의 주기적 반복, 배역의 대칭적 전환, 희극적 오해quiproquos[26]의 기하학적 전개, 그리고 그 밖의 다

---

26 라틴어의 "quid pro quo"에서 유래한 단어. 어원적으로는 "무엇에 대한 (다른) 무엇"

른 많은 기법들은 그것들의 희극적 효과를 같은 원천에서 이끌어낼 수 있음을 알 수 있다. 통속 희극 작가의 기교는 아마도 인간사에 있어서 눈에 띄게 기계적인 구성 장치를, 진실인 듯이 보이는 외적 측면, 즉 겉으로 드러난 생명의 유연성을 유지하면서 우리에게 제시해주는 데 있다. 그러나 이제까지의 분석의 과정이 방법론적으로 도출해야만 할 결론들에 대해서 미리 예견하지는 말자.

이란 의미이며 처음에는 어떤 약을 대체하기 위하여 복용하거나 제공한 약을 지칭하는 표현이었으나 후에 서로 어떤 것을 주고받는, 좋은 관행의 교환을 의미하게 되었다. 여기서는 주로 소설이나 희곡에서 사용되는 극적 장치로서 어떤 사람이나 사물, 상황을 다른 어떤 것으로 잘못 이해해서 생기는 오해를 의미한다.

V. 희극적인 것의 확산력

멀리 나아가기 전에 잠시 휴식을 취하면서 우리 주위를 한 번 둘러보자. 이 책의 처음에서 이미 암시한 바와 같이 모든 종류의 희극적 결과를 단 하나의 단순한 공식으로부터 도출하려고 시도하는 것은 어리석은 일이 될 것이다. 물론 어떤 의미에서 공식은 존재한다. 그러나 공식이 한결같은 방식으로 전개되지는 않는다. 우리가 말하려고 하는 것은 공식으로부터의 연역은 이따금씩 몇 가지 중요한 결과들에 이르러 멈추어야 하며 그리고 이러한 결과들은 그들 하나하나가 그것들에 유사한 새로운 결과들이 그 주위에 원을 형성하며 자리 잡는 전형으로 보인다는 사실이다. 이러한 새로운 효과들은 공식으로부터 연역되지는 않는다. 그러나 그들은 공식으로부터 도출된 효과와의 유사성에 의해서 희극적인 것이다. 다시 한 번 파스칼을 인용한다면, 이 점에서 우리는 희극적 심리의 과정을 이기하학자가 **룰렛 궤적**^{roulette}이라는 이름으로 연구했던 곡선—자동차가 똑바로 나아갈 때 바퀴의 원주의 한 점이 그리는 곡선—과 같은 것으로 정의할 수 있을 것이다.[27] 이 점은 바퀴처럼 회전하지만 또한 자동차와 함께 전진하는 것이다. 또는 이따금씩 네거리를 지시하는 **십자 표지판**이 있는 숲의 큰길을 연상할 수도 있다. 갈림길을 알리는 십자 표지가 나타날 때마다 우리는 사잇길을 따라 돌면서 살펴본 다음 본래 왔던 처음의 방향으로 다시 나오게 될 것이다. 이제 우리는 이러한 교차로의 하나에 이르렀다. **생명적인 것에 덧붙여진 기계적인 것**^{Du} $^{mécanique\ plaqué\ sur\ du\ vivant}$, 이것이 우리가 그 앞에 머물러야 할 십자 표지로서, 이것은 이로부터 상상력이 여러 방향으로 펼쳐지는 중심적인 이미지인 것이다. 그렇다면 이 방향에는 어떠한 것들이 있는가? 우리는 이 중에서 세 가지 중요한 방향을 본다. 이제 우리는 그들 하나하나를 따라가 본 후 다시 직선으

---

27 적당한 반지름을 갖는 원 위에 한 점을 찍고, 그 원을 한 직선 위에서 굴렸을 때 점이 그리며 나아가는 곡선을 룰렛 궤적 또는 사이클로이드 곡선이라고 한다. 위에 든 예에서 나오는 것처럼, 자동차의 바퀴 표면에 임의의 한 점을 선택하였을 때 자동차가 앞으로 전진하거나 뒤로 후진할 때 이 점의 운동이 그리는 궤적을 생각해볼 수 있다. 파스칼은 1658년에 이 곡선에 대하여 연구하여 다음 해 그 결과를 『룰렛 궤적 개론Traité de la roulette』으로 출판하였다.

로 된 우리 본래의 길을 취해 나아가기로 한다.

1. 우선 희극적인 것은 생명적인 것에 끼어든 기계적인 것이라는 우리의 견해는 생명의 운동성에 붙여진 **어떤 종류의 경직성**이라는, 보다 막연한 이미지로 우리를 이끈다. 경직성은 생명의 선을 어설프게 따르고 그 유연함을 저해한다. 여기서 우리는 의복이 얼마나 쉽게 우스꽝스러워지는가를 예감하게 된다. 의복의 모든 유행은 어떤 측면에서 보면 웃음을 자아내게 한다고 말할 수 있다. 다만 그것이 현재 유행하고, 우리는 너무나 익숙해진 나머지 의복이 마치 그것을 걸치고 다니는 사람과 일체를 이루는 것처럼 보인다. 이렇게 되면 우리는 상상 속에서 옷과 몸을 분리하지 않는다. 껍데기가 갖고 있는 부동의 경직성과 그것에 싸여진 몸의 살아 있는 유연성을 대비시키려는 생각이 더 이상 떠오르지 않게 되는 것이다. 이렇게 되면 희극적인 것은 잠복 상태에 머물러 있는 셈이다. 기껏해야 둘러싸고 있는 것과 둘러싸인 것 사이의 어쩔 수 없는 부조화가 너무나 심해서, 아무리 오랫동안 이 둘을 근접시켜도 그것들의 결합을 굳건히 하는 데 실패했을 때 희극적인 것은 드러나게 된다. 예컨대 높은 모자의 경우가 그것이다. 그러나 어

떤 괴짜가 있어 옛날에 유행한 옷을 입었다고 가정해 보자. 그러면 우리의 주의는 이내 그 옷에 이끌리고, 우리는 옷과 사람을 절대적으로 구분하고는 (마치 모든 옷이 감추는 속성을 갖고 있지 않은 듯이) 저 친구는 옷으로 자신을 **감추고** 있다고 말한다. 그러면 옷의 형태가 지니고 있는 우스운 구석이 어둠에서 빛 속으로 나오게 된다.

여기서 우리는 희극적인 것의 문제가 제기하는, 세부적으로 아주 뒤엉킨 큰 어려움들 중의 몇 가지를 언뜻 들여다보기 시작한다. 웃음에 관해서 잘못되거나 불충분한 여러 이론들이 생기게 된 이유들 중의 하나는, 많은 것들이 원리적으로는 우스꽝스러우나 실제로는 그렇지 않은데, 계속 사용함으로써 그 속에 있는 희극적 효력을 약화시킨다는 데 있다. 희극적 효력이 되살아나기 위해서는 계속 사용하는 문제를 단번에 중단하는, 즉 유행과의 단절이 필요하다. 그러면 사람들은 이러한 연속성의 중단이 희극을 탄생시킨다고 믿을 것이다. 하지만 그것은 다만 우리로 하여금 희극적인 것을 알아차리게끔 해주는 계기를 주는 데 불과하다. 또 어떤 사람들은 웃음을 **놀라움**과 **대조** 등으로 설명하려고 할 것이다. 그러나 이런 정의들은 우리가 눈곱만큼 웃고 싶은 마음이 생기지 않는 수많은 경우에도 똑같이 적용될 것이다. 진실은 그렇게 간단하지가 않다.

그러나 지금 우리는 가장$^{假裝, déguisement}$의 개념에 도달하였다. 우리가 바로 앞에서 제시한 바와 같이, 그것은 웃음을 일으키는 힘을, 적법한 위임을 받아서 지니고 있다. 그러나 이 개념이 어떻게 이 힘을 행사하는지를 조사해 보는 것은 쓸데없는 짓이 아니리라.

어째서 우리는 머리칼이 갈색에서 금발로 바뀌면 웃는가? 딸기코의 우스꽝스러움은 어디에서 비롯하는 것일까? 그리고 왜 사람들은 흑인을 보면 웃는가? 난처한 질문이 아닐 수 없을 듯하다. 왜냐하면 헥커^{Hecker}, 크레펠린^{Kraepelin}, 립스^{Lipps} 같은 심리학자들[28]이 차례차례로 이 문제를 제기하고는 저마다 다른 대답을 내놓았기 때문이다. 그러나 나는 이 문제가 어느 날 거리에서 만난 한 평범한 마부에 의해 풀리지 않았나 생각한다. 그 마부는 자기 마차에 앉아 있는 흑인 승객을 보고 "제대로 씻지 않았다"고 빈정거리고 있었다. 제대로 씻지 않았다니!

----

[28] 웃음과 희극적 요소에 관한 19세기 말 독일 심리학자들의 저서는 이 책 끝의 참고 문헌에 나와 있다.

검은색의 얼굴은 결국 우리들의 상상력으로서는 잉크와 땀으로 더럽혀진 얼굴이 되는 것이다. 만일 그렇다면 결국 붉은 코는 주홍색 칠을 한 코가 될 뿐이다. 따라서 이 경우 가장假裝하지 않았으나, 가장했었을 수도 있는 경우에 어떤 희극적 성격을 부여한 것이다. 조금 전의 예에 있어서 일상적인 복장은 사람과 아무리 구분이 되어도 소용이 없는 것이다. 우리들이 그것을 보는 데 익숙해져 있기 때문에 그것이 마치 사람과 한 몸을 이루는 것 같았기 때문이다. 이제 검거나 빨간색은 아무리 본래의 피부색이라 할지라도, 그런 색이 우리를 놀라게 하기 때문에 우리는 그것을 인위적으로 몸에 칠해진 것으로 여기는 것이다.

사실 이로부터 희극적인 것에 관한 이론에 있어서 일련의 새로운 어려움이 나온다. "내가 평소에 입고 다니는 옷은 내 몸의 일부분을 이룬다"와 같은 명제는 이성의 눈에는 터무니없는 것이다. 그럼에도 불구하고 상상력은 이것을 참으로 여긴다. "딸기코는 색칠한 코다", "흑인은 가장한 백인이다" 같은 말도 사리를 따져 드는 이성에게는 역시 부조리한 것이나 순수한 상상력에게는 아주 확실한 진리이다. 따라서 이성의 논리가 아닌, 때로는 이성의 논리에 적대적인 상상력의 논리가 있는 것이며 그리고 철학은 희극 연구에 있어서뿐만 아니라 동일한 종류의 다른 탐구를 위해서도 이 상상력의 논리를 가지고 추리해야만 한다. 이것은 어느 정도 꿈의 논리와 같은 것이나, 이 꿈은 사회 전체에 의해 꾸어진 꿈으로서 개인의 환상이 갖는 변덕에 맡겨진 것은 아니다. 이 감추어진 논리를 재구성하기 위해서는 아주 특별한 종류의 노력이 필요하다. 이러한 노력에 의해 우리는 층층이 잘 다져진 판단과 견고히 자리 잡은 관념의 겉껍질을 들어 올리고, 서로서로 침투되어 있는 이미지의 유동적 연속성이 마치 지하수 층처럼 우리 자신의 심층에서 흘러내리는 것을 볼 수 있을 것이다. 이미지들의 이러한 상호 침투성은 우연히 이루어지는 것이 아니다. 그것은 법칙 또는 차라리 습관에 지배되는데, 이것들이 상상력에 갖는 관계는 논리가 사유에 갖는 관계와 같은 것이다.

그러면 우리가 문제 삼고 있는 이 특별한 경우에 있어서 상상력의 논리를 추적해 보기로 하자. 가장을 하는 사람은 희극적이다. 우리가 저 친구는 가장하고 있다고 믿게 되는 사람도 역시 희극적이다. 따라서 뜻을 확장한다면, 모든 가장은 단순히 인간의 경우뿐 아니라 사회의 그것도 마찬가지로 그리고 자연의 그것조차도 희극적인 것이 된다.

자연으로부터 시작해 보자. 사람들은 반쯤만 털이 깎인 개나 색칠한 인조화가 꽂혀 있는 화단이나 나무들이 선거 구호로 뒤덮혀 있는 숲 등을 보면 웃는다. 그 이유를 찾아보면, 여전히 우스꽝스러운 분장이라는 생각을 떠올림을 알게 될 것이다. 그러나 이 경우 희극적 요소는 아주 약화되어 있으며 본래의 원천으로부터 너무 멀리 떨어져 있다. 희극적 성격을 강화하기를 원한다면 원천 자체에로 거슬러 올라가 분장mascarade이라고 하는 파생된 이미지를 생명에 덧붙여진 기계적인 속임수라는 원초적 이미지로 되돌려 보내야만 한다. 기계적으로 변조된 자연, 이것이야말로 진실로 희극적인 주제로서 우리의 상상력은 여기에 갖가지 변형된 형태들을 적용해 틀림없이 우스꽝스러운 효과들을 이끌어 낼 수 있는 것이다. 사람들은 「알프스 산의 타르타랭Tartarin sur les Alpes」[29]에 나오는 아주 재미있는 구절을 회상할 수 있다. 거기서 봉파르Bompard는 타르타랭에게 (따라서 독자에게도 어느 정도) 오페라하우스의 이동 무대장치처럼 꾸며지고 폭포나 빙하 그리고 가짜 크레바스를 관리하는 회사에 의해 경영되는 스위스에 대한 착상을 받아들이도록 한

29　프랑스의 소설가 알퐁스 도데(Alphonse Daudet, 1840~1897)의 작품.

다. 똑같은 주제가 비록 전혀 다른 색조로 바뀌긴 했지만 영국의 유머 작가인 제롬[30]의 『진기한 이야기들』$^{Novel\ Notes}$에서도 등장한다. 한 늙은 성주의 부인은 자선 사업의 일들이 그녀를 너무 성가시게 하지 않도록 성 주위에 그녀를 위해서 일부러 무신론자인 양 꾸며진 사람들과 고의로 술주정뱅이로 만든, 선량한 사람들을 머물게 하고는 개종시키거나 악습을 치유하는 등의 활동을 한다. 물론 이러한 주제가 멀리서 울리는 반향처럼 전해지는 희극적인 말들이 있다. 이때 이 말들이 진심에서 우러난 것이든, 가장한 것이든 천진난만함이 가미되면 이 주제의 반주 역할을 하게 된다. 예컨대 천문학자 카시니[31]가 월식을 관찰하는 데 초대했던 어느 부인이 늦게 도착해서는 이렇게 말했다. "드 카시니 씨는 저를 위해서 다시 한 번 시작해 주시겠지요." 또는 공디네[32]의 작품에 등장하는 사람이 어느

30　Jerome K. Jerome(1859~1927), 영국의 소설가이자 극작가. 대표작으로 『게으른 녀석의 게으른 생각들*Idle thoughts of an idle fellow*』, 『보트 위의 세 남자*Three men in a Boat*』 등이 있다.

31　Giovanni Domenico Cassini(1625~1712), 이탈리아 태생의 프랑스 천문학자.

32　Edmond Gondinet(1829~1888), 프랑스의 통속 희극 작가. 주요 작품으로 「흰색 넥타이La Cravate blanche」, 「사단장Le Chef de division」 등 40여 편의 작품을 남겼으며 알퐁스 도데와 함께 작업하기도 했다. 본문의 이야기는 작품 「화산Le Volcan」에 나온다.

마을에 도착해서는 주위에 사화산이 있음을 알고 소리친다. "이 마을 놈들은 화산을 갖고 있었는데, 그걸 꺼져버리도록 내버려 두었단 말이지!"

사회의 경우로 옮아가 보자. 사회 속에서 그리고 사회에 의해서 삶을 영위하고 있는 우리로서는 사회를 하나의 생명체로 여기지 않을 수 없다. 따라서 가장하는 사회, 말하자면 사회적 분장이라는 생각을 우리에게 암시하는 이미지는 우스꽝스러운 것이 된다. 그런데 이러한 생각은 살아 움직이는 사회의 표면에서 어떤 타성적인 것, 판에 박힌 듯이 상투적인 것, 결국 제작된 것을 우리가 감지하자마자 얻어진다. 이것은 다시 한 번, 일종의 경직성으로서 삶의 내적인 유연성과 어울리지 않는 것이다. 따라서 사회생활에 있어서의 의식적儀式的인 측면은 언제나 잠재적인 희극적 요소를 함축하고 있음이 틀림없으며, 이것은 어떤 계기가 주어지기만 하면 백일하에 드러나기 마련이다. 의식儀式이 사회라는 신체에 갖는 관계는, 옷이 우리들의 몸에 갖는 관계와 같다고 말할 수 있을 것이다. 의식이 갖는 장중함은 관습에 의해 우리의 마음속에서 의식이 일정한 중대사와 일치하기 때문이 분명하다. 그런데 의식이 내포하고 있는 이러한 장중함은, 우리의 상상력이 의식을 그것과 동일시되었던 중대사와 분리를 하는 순간 사라져 버리게 마련이다. 그래서 의식이 희극적인 것이 되기 위해서는 우리의 주의가, 의식적인 것에만 집중하면, 즉 흔히 철학자가 말하듯이 그것의 형상^{forme}만을 생각하고 질료^{matière}를 무시하는 것으로 충분한 것이다. 이 점에 관해 길게 설명하는 것은 쓸데없는 일이리라. 희극 정신이 일상적인 시상식에서부터 엄숙한 법정의 재판에 이르기까지 얼마나 용이하게 이 분명한 형식의 사회생활에 작용해서 재치를 부리는지를 누구나 알고 있다. 사회의 숱한 형식과 공식이 있는 만큼 희극적인 것이 삽입될 수 있는 기성의 틀들도 존재한다.

그러나 여기서 다시 한 번 우리는 희극적인 것을 그 원천에 보다 가까이 접근시킴으로써 강화할 수 있을 것이다. 그러므로 왜곡이라는 파생된 개념으로부터 생명에 덧붙여진 기계적인 것이라는 본원적인 개념으로 소급해 가야 한다. 모든 의식이 지니고 있는 딱딱하게 굳어진 형식이 이미 이러한 유의 이미지를 우리에게 암시해 주고 있다. 엄숙한 의식이나 예식의 주제를 잊어버리는 순간, 거기에 참여하고 있는 사람들은 꼭두각시처럼 움직이는 듯한 인상을 우리에게 준다. 그들의 움직임은 형식의 부동성에 근거해 있는 것이다. 즉 그것은 기계적 동작이 된다. 그러나 완전한 기계적 동작은 예컨대 단순한 기계처럼 움직이는 공무원의 동작, 또는 준엄한 필연성을 가지고 적용되어 마치 자연법칙처럼 되어 버린 행정 규칙이 지니고 있는 무의식 상태일 것이다. 벌써 몇 해 전의 일이지만 디에프^{Dieppe}³³ 근해에서 여객선이 난파당한 기사를 읽은 적이 있다. 몇몇의 여행객이 소형 구명보트에 올라 천신만고 끝에 구조되었다. 헌데 그들의 구조에 용감하게 나섰던 세관원은 이렇게 첫마디를 시작했다는 것이다. "혹시 뭐 신고하실 것이 없습니까?" 열차 안에서 범죄가 일어난 다음 한 국회의원이 장관에 질의를 하면서 던진 다음과 같은 말 속에서 비록 보다 미묘하긴 해도 이와 유사한 관념이 발견된다. "살인자는 피해자를 해치우고 나서 교통 법규를 위반하면서 플랫폼의 반대 방향으로 뛰어내린 것이 분명합니다."

자연에 삽입된 기계주의의 요소, 사회의 자동적인 규칙, 이것이 결국 우리의 분석이 도달한 재미있는 효과의 두 유형이다. 결론을 위해서 이제 이들을 함께 결합하고 그로부터 도출되는 결과가 무엇인가를 고찰하는 일이 남아 있다.

---

33 프랑스 노르망디 지방의 항구도시.

이러한 결합의 결과는 명백히 자연의 법칙 자체에 대치되는 인위적인 규칙이라는 관념일 것이다. 우리는 제롱트Géronte34가 심장은 왼쪽에 있고, 간은 오른쪽에 있음을 관찰하도록 했을 때 스가나렐Sganarelle이 한 답변을 기억할 수 있으리라. "예, 예전에는 그랬지요. 그러나 우리는 이 모든 것을 바꾸어 놓았지요. 이제 우리는 의술을 전혀 새로운 방법으로 적용하고 있답니다."35 우리는 또한 푸르소냑Pourceaugnac36을 진찰한 두 의사의 의논을 상기할 수 있다. "그 점에 관한 당신의 진단은 너무나 박식하고 훌륭한 것이어서 환자가 히포콘드리 우울증37의 증세로 우울하지 않을 도리가 없습니다. 그리고 만일 환자가 그러하지 않다면 당신이 말한 것의 탁월함과 추론의 정당함을 위해서 환자는 마땅히 그래야만 하겠지요."38 우리는 수많은 예를 열거할 수 있으리라. 몰리에르Molière39 작품

---

34 몰리에르의 희극 「억지 의사」에 나오는 남자 주인공.

35 「억지 의사」, 2막 3장.

36 몰리에르의 희극 「푸르소냑 씨Monsieur de Pourceaugnac」(1669)에 등장하는 주인공의 이름.

37 자신이 어떤 질병에 걸려 있다는 확신과 두려움을 수반하는 상태. 이런 건강염려증은 우울증 환자에게서 흔히 보인다.

38 「푸르소냑 씨」, 1막 8장.

39 Molière(1662-1673), 본명은 Jean-Baptiste Poquelin. 프랑스의 가장 유명한 희

에 등장하는 모든 의사들을 한 사람 한 사람씩 상기하기만 하면 되는 것이다. 희극적 상상력이 이런 경우 아무리 멀리 나아가는 것처럼 보인다 해도 때때로 현실이 그것을 앞지르는 법이 있다. 철저한 논변가인 어느 현대 철학자는 그의 추론이 티끌만치도 나무랄 데 없이 치밀하게 연역되었으나 경험과 부합하지 않는다는 반박을 받자, 다음과 같은 말 한 마디로 토론을 끝냈다. "그렇다면 경험이 틀린 것입니다." 삶을 마치 행정적 방식으로 처분하려는 관념은 우리가 보통 생각하는 것보다 더 널리 퍼져 있다. 그러한 관념은 비록 우리들이 여기서는 재구성의 과정을 통해서 얻으려고 했지만, 그 나름으로 자연스러운 일이다. 그것은 우리에게 현학적인 태도의 진수 자체를 예시해 준다고 말할 수 있다. 왜냐하면 현학적인 태도는 그 근본을 파헤쳐 보면 자연보다 자신이 더 낫다는 것을 보여주기 위한 기술 이외의 다른 것이 아니기 때문이다.

요약한다면, 이러한 표현이 가능하다면, 우리 신체의 인위

극 작가. 이 책에서 저자는 그의 많은 작품과 주인공에 대한 분석을 하고 있다. 주요 작품으로 「아내의 학교L'Ecole des femmes」(1662), 「타르튀프Tartuffe」(1664-1666), 「돈 후앙Don Jouan」(1665), 「인간혐오자Le Misanthrope」(1666), 「수전노L'Avare」(1668), 「학식을 뽐내는 여인들Les Femmes savantes」(1672) 등이 있다.

적인 **기계화**의 관념에서부터 인위적인 것에 의한 자연적인 것
의 대치라는 관념에 이르기까지 동일한 결과가 언제나 정교한
형태로 나타난다. 점점 덜 치밀한 논리는 점점 더 몽상의 논리
로 접근해 가면서 동일한 관계를 보다 고차적인 영역, 더욱더
비물질적인 요소들 사이로 이전시킨다. 그래서 결국 우리는 행
정적 규칙이 자연 법칙이나 도덕적 규범에 대해서 갖는 관계는,
예컨대 기성복이 살아 움직이는 신체에 갖는 것과 동일한 것이
되어 버린다. 우리가 탐색해야만 했던 세 가지 방향 중에서 우
리는 지금 첫 번째 방향의 끝에 도달해 있다. 두 번째 방향으로
넘어가 우리가 어디에 이르게 되는지 보기로 하자.

2. 우리의 출발점은 다시 한 번 살아 있는 것에 덧붙여진
기계적인 것이다. 이 경우 희극적인 것은 어디에서 유래했던
가? 그것은 생명체가 기계처럼 경직된다는 사실에서부터였다.
따라서 생명체는 우리에게 언제나 작용하는 원리의 완벽한 유
연성, 항상 각성된 활동성이어야만 하는 듯했다. 그런데 이러
한 활동성은 실제에 있어서 신체보다는 영혼에 고유한 것이
다. 그것은 생명의 불꽃 자체로서 보다 우월한 원리에 의해 우
리 속에 점화된 것으로, 마치 거울을 통해서 보듯 신체를 통해

지각되는 것이다. 우리가 생명체에서 오직 우아함과 유연성만을 본다면, 그것은 그 안에서 작용하는 무거운 것, 저항하는 것, 한마디로 물질적인 것을 무시하기 때문이다. 이때 우리는 그것의 물질성을 잊고 오직 생명력만을 생각하는데, 우리의 상상력은 이것을 지적이고 도덕적인 삶의 본질 자체로 여기는 것이다. 그러나 누군가가 우리의 관심을 신체의 이 물질성에로 향하게 한다고 가정해 보자. 다시 말하면, 신체가 자기에게 생기를 불어넣어 주는 원리의 경쾌함에 참여하기는커녕 도리어 무겁고 거추장스러운 껍데기, 천상으로 상승하려고 열망하는 영혼을 땅에 매어 놓는 주체할 수 없는 짐처럼 우리에게 보인다고 가정해 보자. 그러면 신체가 갖는 영혼에 대한 관계는 조금 전에 얘기했던 옷이 몸 자체에 대해 갖는 관계, 즉 살아 있는 에너지에 부과된 타성적 물질로 바뀔 것이다. 그리고 희극적 인상은 우리가 이러한 포개짐의 관계에 대한 선명한 느낌을 갖게 될 때 일어난다. 그리고 그것은 영혼이 신체의 요구에 괴롭힘을 당하는[taquinée] 것으로 보여질 때, 한편으로는 아주 예지롭게 다양한 활동력을 지닌 정신적 인격체가 있고, 다른 한편으로는 어리석게도 한결같은 신체가 기계와 같은 완강함을 가지고 매사를 간섭하고 차단할 때는 더욱 분명히 드러난다. 신체의 이러한 요구가 무가치하고 천편일률적으로 반복되면 될수록 효과는 더욱 인상적인 것이 된다. 그러나 이것은 어디까지나 정도의 문제에 불과한 것이며, 우리는 이러한 여러 현상들의 일반법칙을 다음과 같이 공식화할 수 있을 것이다. **그것에 관계된 것이 정신적인 것임에도 불구하고 우리의 주의를 한 인간의 신체성에 이끌게 하는 사건은 모두 희극적이다.**

왜 사람들은 연설가가 연설의 가장 비장한 순간에 재채기를 하면 웃는가? 독일의 어느 철학자에 의해 인용된 추도사의 이 구절—"그는 덕망 있고 통통하였습니다"—이 지니는 희극적 요소는 어디에서 연유하는 것일까? 그 이유는 우리의 주의가 영혼에서 신체로 갑자기 돌려지기 때문이다. 이러한 예들은 일상적인 생활 속에서 아주 많이 발견된다. 그러나 그것들을 찾는 수고를 하고 싶지 않다면, 라비슈[40]의 책의 아무 곳이나 들추어 보면 흔히 이런 종류의 효과를 발견할 수 있다. 어떤 페이지에서는 웅변가가 그의 연설의 절정에서 치통으로 말

---

40 Eugène Marin Labiche(1815~1888). 마르크 미셸Marc Michel과 공저인 『무지 예의 바른 남자 드 쿠알랭 씨Monsieur de Coyllin, l'homme infiniment poli』를 통해 희극 및 보드빌 작가로 데뷔하였으며, 그 후 100여 편의 작품을 발표하였다. 자크 오펜바흐의 부탁을 받고 오페레타나 희가극의 대본을 쓰기도 했다.

을 중단하는가 하면,[41] 다른 곳에서는 어떤 친구가 얘기를 하다가 으레 중간에서 말을 끊고 너무 꼭 끼는 신발이나 너무 조인 혁대를 불평하는 것이다.[42] 신체가 사람을 난처하게 만드는 것, 이것이 이러한 예들 속에서 암시되는 이미지이다. 몸이 지나치게 비대해서 뒤룩거리는 사람이 우리를 웃긴다면, 그것은 의심의 여지없이 같은 종류의 이미지를 자극하기 때문이다. 그리고 이따금 수줍음이 조금은 우스꽝스러운 이유도 마찬가지이다. 수줍음을 타는 사람은 그의 몸이 거북하게 히여서 자신의 주변에 몸 둘 곳을 찾는 사람의 느낌을 줄 수 있다. 바로 이런 이유로 인해 비극 작가는 주인공의 신체적인 측면으로 우리의 주의가 끌릴 수 있는 모든 요소를 피하기 위해 신경을 쓴다. 신체에 대한 배려가 생기면 희극적 요소가 끼어들 위험이 다분하다. 그렇기 때문에 비극의 주인공들은 뭘 마시지도, 먹지도, 몸을 따뜻이 하지도 않는다. 그들은 가능한 한 어디 앉지도 않는다. 격정에 찬 긴 독백을 하다가 자리에 앉는 것은 주

---

41 라비슈, 「판돈」, 1막 8장.
42 라비슈의 「이탈리아 밀짚모자」에 등장하는 노낭쿠르Nonancourt와 「판돈」에 등장하는 코르당부아Cordenbois, 이 두 인물에 대한 이야기.

인공이 몸뚱이를 가지고 있음을 깨닫는다는 사실을 암시해 주는 것이 될 수 있다. 이따금씩 심리학자적인 안목을 지녔던 나폴레옹^{Napoléon}은 사람이 어딘가에 주저앉는 사실만으로 비극은 희극으로 바뀐다고 지적한 바 있다. 구르고 남작[43]의 「미발표 일기^{Journal inédit}」에 보면 이 문제에 관한 나폴레옹의 말이 나온다. (예나전투[44] 후에 프로이센의 왕비[45]와 회담했을 때의 일이다) "그녀는 마치 시멘느^{Chimène}[46]처럼, 비극적인 어조로 나를 맞았다. '폐하, 정의^{正義}! 정의지요! 마그데부르크^{Magdebourg} 말입니다!'[47] 이런 말을 거듭하면서 그녀는 나를 심히 난감하게 하는 어투로 이야기를 했다. 결국 나는 그녀의 태도를 바꾸게 하

---

43 Gaspard Gourgaud(1783~1852). 프랑스의 군인이자 역사가. 추방당한 나폴레옹 보나파르트를 세인트헬레나 섬까지 수행했고 그에 관한 중요한 전기와 역사책을 서술했다.

44 1806년 나폴레옹 군대가 프로이센 군과의 전투에서 대승을 거둔 전투.

45 프리드리히 빌헬름 3세를 대신하여 왕비인 메클렌부르크-슈트렐리츠의 루이제가 나폴레옹과의 협상에 나섰다. 루이제는 프로이센에 대한 관대한 조치를 요구했으나 나폴레옹은 냉담했다고 전해진다.

46 프랑스의 극작가 코르네이유(Corneille, 1606~1684)의 대표작 「르 시드Le Cid」(1936)에 나오는 여주인공의 이름.

47 엘베 강가에 위치한 독일의 도시. 1806년 나폴레옹 전쟁 당시 프랑스 군에 의해 일시적으로 점령되었고 틸지트 조약에 의해 베스트팔렌 왕국의 일부가 되었다가 프로이센 왕국에 속하게 된다. 예나-아우어슈테트 전투의 승리 후에 나폴레옹이 베를린에 입성하였을 때도 마그데부르크의 수비대는 여전히 항복하지 않고 있었다.

기 위해서 자리에 앉을 것을 권했다. 비극적인 장면을 이보다 더 잘 끊는 것은 없다. 사람은 앉고 나면 희극적이 되기 마련이기 때문이다."

이제 **영혼을 제압하는 신체**라는 이미지를 확산하면 우리는 보다 일반적인 것을 얻을 수 있다. **본질을 능가하려는 형식, 글에 담긴 정신에게 트집을 잡는 글자 그대로의 뜻.** 코미디가 어떤 직업을 희화화할 때 우리에게 암시하려고 하는 것이 아마 이러한 생각이 아닐까? 코미디는 변호사나 재판관이나 의사로 하여금 마치 건강이나 정의는 대수로운 것이 아니고 중요한 것은 의사나 변호사나 재판관이 존재하며, 이런 직업에 어울리는 모든 외적인 형식들은 철저히 준수되어야만 한다고 말하게 한다. 이렇게 해서 수단이 목적에, 형식이 본질에 대치되어, 직업이 공중公衆을 위해 생겨난 것이 아니라 공중이 직업을 위해 있게 되는 것이다. 형식에 대한 한결같은 염려, 규칙의 기계적 적용은 이때 일종의 직업적 자동주의를 산출해 내게 된다. 이것은 신체의 습관이 영혼에 부여해서 똑같이 우스꽝스러운 효과를 낳은 기계적 동작과 유사한 것이다. 이러한 예들은 연극에 수많이 등장하는데, 이 주제의 여러 변양에 대해서 상세히 언급하는 대신 이 주제 자체가 아주 간단명료하게 드러나 있는 두서넛의 작품을 인용키로 하자. 「상상병 환자 Le Malade imaginaire」에서 디아푸아뤼스Diafoirus는 이렇게 말한다. "우리의 의무는 오직 환자를 규칙에 따라 치료해야 하는 것이오."[48] 그리고 「사랑이라는 의사L'Amour médecin」에서 바이Bahis는 "규칙에 거슬러서 치유되느니 차라리 규칙에 따라 죽는 편이 낫다"고 말하는데, 같은 희곡의 앞에서 데포낭드레스Desfonandrès는 이런 말을 하고 있다. "무슨 일이 일어나든 간에 형식은 언제나 지켜야 합니다."[49] 그리고 그의 동료인 토메스Tomès는 이렇게 그 이유를 댔다. "죽은 사람이야 어쩔 수 없이 죽은 사람이오. 허나 형식을 지키지 않으면, 우리 모든 의사에게 엄청난 피해를 가져다줍니다."[50] 브리두아종Brid'oison의 다음과 같은 말은 비록 조금 다른 관념을 지니고 있긴 하나 역시 의미심장하다. "혀…형식, 아시겠소. 혀…형식이오. 재판관이 법복이 아닌 모닝코트를 입고 있는 걸 보면 아마 웃는 사람이 있지요. 헌데 그 작자는 법의를 걸치고 있는 검찰관이 눈에 띄기만 해도 기

----

48 몰리에르, 「상상병 환자」, 2막, 5장.
49 몰리에르, 「사랑이라는 의사」, 2막 5장.
50 몰리에르, 「사랑이라는 의사」, 2막 4장.

겁해서 떨거든요. 혀…형식, 그저 혀…형식일 뿐이오."⁵¹

　여기서 우리는 분석이 진행됨에 따라 더욱 명료하게 두드러지는 법칙의 첫 번째 적용을 대하게 된다. 음악가가 악기의 어떤 음조를 켤 때, 첫 음조보다 덜 명료하지만 그것과 어떤 일정한 관계로 연결된 다른 음조가 저절로 일어나 덧붙여지면서 음색을 결정한다. 이것이 물리학에서 말하는 기본 음조의 배음倍音, harmonique⁵²이다. 희극적 상상력도 그것의 가장 기상천외한 착상에 있어서까지도 이와 같은 유의 어떤 법칙을 따르는 것이 아닐까? 예컨대 본질을 능가하려는 형식이라는, 위에서 언급한 이 희극적 음조를 고찰해 보자. 만일 우리의 분석이 정확한 것이라면 그것은 화성으로서 정신을 괴롭히는 신체, 정신을 제압하는 신체라는 것을 가지고 있음이 틀림없다. 따라서 희극작가가 첫 번째 음조를 제시하자마자 본능적으로 그리

---

51 「세빌리아의 이발사Le Barbier de Séville」와 「휘가로의 결혼Le Mariage de Figaro」으로 유명한 프랑스 극작가 보마르셰(Pierre-Augustin Caron Beaumarchais, 1732~1799)의 작품 「휘가로의 결혼」의 3막 14장에 나오는 구절.

52 우리가 일상적으로 듣는 대부분의 음은 복합음이다. 그중 진동수가 가장 낮은 것을 기본음fondamental 또는 바탕음이라 하고 나머지를 상음上音이라고 한다. 기초음에 대하여 진동수가 정수배 관계에 있는 상음을 배음이라고 한다. 고대의 피타고라스는 수적 질서를 연구하면서 이미 배음 관계에 의해서 조화로운 소리 즉 협화음이 난다는 것을 밝혔다.

고 무의식적으로 이에 두 번째 음조를 덧붙일 것이다. 다른 말로 표현하면, **그는 어떤 신체가 갖고 있는 우스꽝스러움으로 직업적 우스꽝스러움을 배가시키는 것이다.**

재판관 브리두아종이 말을 더듬으면서 무대에 나타날 때 그는 바로 자신의 말더듬기로 그가 곧 보여줄 장면이 함축하고 있는 지적인 경화현상을 이해하도록 준비하게끔 하는 것이 아닐까? 어떠한 은밀한 유사성이 있어, 이 신체적 결함을 정신적 약점에 연결시킨다고 할 수 있을까? 아마도 이 판단하는 기계[53]는 우리에게 동시에 마치 말하는 기계로 나타나야만 했을 것이다. 어쨌든 다른 어떤 배음도 기초음을 이보다 더 잘 보완하지는 못했다.

몰리에르가 「사랑이라는 의사」에서 희극적인 두 의사, 바이Bahis와 마크로통Macroton을 묘사할 때, 그는 한 사람은 아주 천천히, 말을 음절마다 딱딱 끊으면서 말하게 하고, 다른 한 사람은 무슨 말인지 알아들을 수 없을 만큼 속사포처럼 퍼붓게 한다.[54] 똑같은 대비가 푸르소냑 씨의 두 변호사 사이에서도

---

53 재판관을 빗댄 말.
54 몰리에르, 「사랑이라는 의사」, 2막 5장.

나타난다.[55] 일반적으로 직업이 가지고 있는 우스꽝스러움을 보완하는 신체적 특이성은 흔히 말의 리듬에 있다. 그래서 설령 저자가 이러한 유의 결점을 지적하지 않았을 때라도, 배우가 본능적으로 그러한 특성을 연출해 내지 않는 경우는 드문 것이다.

따라서 우리가 상호 접근시킨 두 이미지, 즉 일정한 형식 속에 고정화되는 정신과 어떤 결점으로 굳어지는 신체 사이에는 분명히 본성적인 유사성이 있으며, 이것은 또한 자연스럽게 인지된다. 우리의 주의가 내용에서 형식으로, 혹은 정신적인 것에서 신체적인 것으로 돌려지더라도, 이 두 경우에 있어서 우리의 상상력에 전해지는 것은 동일한 인상이다. 그리고 이들의 경우에 있어서 희극적인 것은 동일한 유의 것이다. 이점에 있어서 우리는 상상력이 운동하는 자연스러운 방향을 이제까지 충실히 추적해 보고자 했다. 이 방향은 기억하건대 중심 이미지로부터 파생되어 우리에게 주어진 이미지들 중의 두번째 것이었다. 세 번째 마지막 방향이 아직 남아 있다. 이제 우리가 접어들 길은 바로 이 세 번째 길이다.

---

55 몰리에르, 「푸르소냑 씨」, 2막 11장.

3. 마지막으로 다시 한 번 생명적인 것에 덧붙여진 기계적인 것이라는 중심 이미지로 돌아가 보자. 여기서 문제되는 생명체는 인간존재, 즉 사람이었다. 기계적인 장치는 이와는 달리 사물이다. 따라서 이런 각도에서 본다면, 웃음을 자아내게 했던 것은 사람이 순간적으로 사물로 변화하는 것이다. 그렇다면 기계적인 것이라고 하는 명확한 관념에서 사물 일반이라는 보다 막연한 관념으로 나아가 보자. 그러면 우리는 첫 번째 관념이 그리는 윤곽을 희미하게 함으로써 얻어지는 것으로, 웃음을 자아내게 하는 것에 대한 일련의 새로운 이미지를 얻게 되는데, 이것은 다음과 같은 새로운 법칙으로 수렴될 것이다. **우리는 어떤 사람이 사물의 인상을 줄 때마다 웃는다.**

사람들은 산초 판사Sancho Pança[56]가 침대보에 엎어져서 마치 공처럼 공중에 내던져지는 것을 보고 웃는다. 사람들은 또 뮌히하우젠 남작[57]이 대포알이 되어 허공을 가로질러 날아가는

---

56 『돈키호테』에 등장하는 인물.

57 실존 인물인 뮌히하우젠 남작(Hieronymus Karl von Münchhausen, 1720~1792)을 모델로 한 캐릭터. 독일 작가 루돌프 라스페Rudolf Erich Raspe가 1785년에 발표한 소설에서 허풍쟁이 군인으로 등장하는 주인공은 젊은 시절, 러시아 제국, 오스만 튀르크, 아시아 등을 돌아다니며 전쟁과 모험, 사냥을 즐기는데 그의 이야기는 무지막지한 허풍과 함께 전개된다. 『뮌히하우젠 남작의 모험』은 여러 형태로 출판이 되었

것을 보고는 웃음을 터뜨린다. 그러나 서커스의 어릿광대들이 하는 몇몇의 묘기가 아마도 동일한 법칙에 대한 보다 정확한 예증을 제공해 줄 것이다. 이때 물론 어릿광대가 그의 근본 주제에 장식을 가하는 익살들은 모두 제거하고 오직 주제 자체, 즉 어릿광대의 재주에 있어서 엄밀히 "어릿광대적인" 그들의 몸짓, 깡총거림, 그리고 움직임만을 고려해야 한다. 나는 다만 두 번 이러한 유의 희극을 그 순수한 상태에서 관람할 수 있었는데 두 번 다 같은 인상을 받았다. 첫 번째에서 어릿광대들은 **점점 세게**crescendo 하겠다는 눈에 띄는 의도를 가지고, 균일하게 가속화하는 리듬에 의해 왔다갔다 서로 부딪치고 나자빠지다가 다시 튀어 올랐다. 그리고 점차로 관중의 주의를 끌었던 것은 이 **다시 튀어 오르기**rebondissement였다. 그러면서 조금씩 조금씩 그들은 우리처럼 살과 뼈를 갖고 있는 사람이라는 사실이 잊혀 버렸다. 사람들은 그저 넘어지고 서로 맞부딪치는 무슨 보따리 같은 것을 머리에 그리게 됐다. 그러자 무대의 광경은 더욱 분명한 형태를 짓고 있었다. 형태들은 둥글게 되고 몸은 굴러가고 마치 공처럼 움츠러드는 것 같았다. 그리고 마지

고 출간 당시 대중적인 인기를 얻었다.

막으로 이 모든 장면이 의심의 여지없이 무의식적으로 발전하려 했던 이미지가 나타났다. 그것은 아무 방향이나 내던져져 맞부딪치는 고무공들인 것이다. 두 번째 장면은 첫 번째보다도 조잡한 것이었으나 역시 유익한 것이었다. 두 사람이 등장하는데 모두 엄청나게 큰 머리에 완전한 대머리였다. 그들의 손에는 긴 지팡이가 들려져 있었는데, 번갈아 상대방의 머리를 지팡이로 내리쳤다. 여기서도 역시 단계적 변화가 눈에 띄었다. 지팡이로 얻어맞을 때마다 몸뚱이는 점증하는 경직성에 압도되어 더 무거워지고 굳어지는 것처럼 보였다. 상대편의 반격은 점점 더 늦어졌는데 그 대신 힘이 있었고 요란한 소리를 냈다. 얻어맞은 머리는 조용한 장내에 어마어마한 울림소리를 나게 했다. 마침내 굳어지고 둔해진 그리고 I 자처럼 꼿꼿해진 두 몸뚱이는 서로 상대방 쪽으로 천천히 쓰러졌고, 떡갈나무로 된 들보에 떨어지는 큼지막한 망치소리를 내면서 마지막으로 지팡이가 그들의 머리에 떨어지면서 모두가 바닥에 길게 나자빠졌다. 이 순간에 아주 선명하게, 이 두 배우가 관객의 상상력 속에 조금씩 조금씩 집어넣어 준 암시가 나타났다. "우리는 통나무 인형이 될 것이고, 이제 그렇게 된 것입니다."

모호한 본능은 여기서 교육을 받지 못한 사람에게는 보다 섬세한 심리학적 효과의 어떤 것을 암시할 수 있다. 우리는 최면당한 사람에게 단순한 암시로써 환상을 불러일으킬 수 있음을 안다. 최면당한 사람에게 새가 손 위에 앉아 있다고 말하면, 그는 새를 지각하고 또 새가 날아가 버리는 것을 목격한다. 그러나 암시가 언제나 그렇게 유순하게만 받아들여지지는 않는 법이다. 흔히 최면술사는 아주 조심스러운 암시를 통해 그것을 피실험자에게 조금씩 조금씩 주입할 수 있을 뿐이다. 따라서 그는 피실험자가 실제로 지각하는 대상에서 출발하여 그 대상에 관한 지각을 점점 모호하게 하려고 기도한다. 그리고 점차로 이 혼동으로부터 환각을 이끌어 내기를 원하는 대상의 명확한 형태가 이루어져 나오도록 할 것이다. 이러한 유의 것은 많은 사람들이 잠에 빠져 들어갈 때 일어난다. 그들은 시야를 점유하고 있는 빛깔을 띤, 유동하는 부정형의 물체가 느끼지 못할 만큼 서서히 분명한 대상에로 고정되는 것을 본다. 모호한 것에서 분명한 것에로의 점진적 이행은 따라서 가장 탁월한 암시의 과정이다. 나는 이러한 것이 많은 희극적 암시의 뿌리에서, 특히 사람이 사물로 변신해 가는 것처럼 보이는 조야한 희극 속에서 발견될 수 있으리라고 믿는다. 그러나 어쩌면 무의식중에 동일한 목표를 지향하는, 보다 정묘한 다른 수

단으로서 예컨대 시인에 의해 구사되는 것이 있다. 리듬과 각운 그리고 모음 압운의 일정한 배열을 통해 우리의 상상력을 마치 애기를 요람에서 조용히 흔들어 잠재우듯 어르면서 시소 운동과 같은 일정한 요동으로 같은 것 사이를 왔다, 갔다 하게 함으로써 순순히 암시된 현실을 받아들이게끔 할 수가 있다. 르나르[58]의 다음과 같은 시를 들어 보자. 그러면 인형의 막연한 이미지가 우리의 상상의 공간에 떠오르지 않는가?

… 더욱이 그는 많은 사람들에게 빚졌네

1만 1리브르 1오볼이라는 금액을.[59]

약속했듯이 그를 데리고 있으면서 일 년 내내 끊임없이

옷 해 입히고, 차 태워 주고, 난방해 주고, 구두 사 신기고, 장갑 끼우고,

면도해 주고, 목 축여 주고, 그를 책임졌지.[60]

---

58 Jean François Regnard(1655~1709), 몰리에르의 후계자라고 일컬어지는 프랑스의 희극 작가. 「프로방스의 여인La Provençale」, 「노름꾼Le Joueur」 등의 작품이 있다.

59 옛날 프랑스의 화폐 단위. 오볼은 작은 동전으로 아주 적은 금액의 의미로도 쓰인다.

60 르나르, 「노름꾼」, 3막 4장.

당신은 피가로^{Figaro 61}의 비꼬는 대사 속에서 똑같은 종류의 어떤 것을 발견하지 않는가? (비록 여기서는 아마도 사물에 관한 이미지라기보다는 동물의 이미지를 암시하려는 것 같지만) "그는 어떤 사람이야?—그는 미남이고, 통통하고, 작달막하고, 원기 왕성한 노인네로 희끗희끗한 머리칼에, 꾀바르고, 깨끗이 면도하고, 무신경한 자로, 동시에 눈치 보면서 꼬치꼬치 캐고, 꾸지람 잘하며, 투덜거리는 친구지."

이 품위 없는 장면과 매우 섬세한 암시 사이에는 수많은 재미있는 효과를 낼 수 있는 여지가 있는데, 이 모든 효과들은 사람을 마치 단지 사물에 불과한 것처럼 표현함으로써 얻어지는 것이다. 그러한 예들이 숱하게 등장하는 라비슈의 연극에서 한두 가지의 실례를 들어 보자. 페리숑^{Perrichon}씨는 열차의 객실에 오르면서 꾸러미를 하나도 잃어버리지 않았음을 확인한다. "넷, 다섯, 여섯, 그리고 마누라 일곱, 우리 딸내미 여덟, 그리고 나까지 아홉.⁶²" 또 다른 작품⁶³에서는 어떤 아버지가 자기 딸의 박

61 보마르셰, 「세빌리아의 이발사」, 1막 4장.
62 라비슈, 「페리숑 씨의 여행Le Voyage de M. Perrichon」, 1막 2장.
63 라비슈, 「샹보데 역La Station Champbaudet」, 2막 4장.

식을 자랑하면서 이렇게 말한다. "걔는 조금도 더듬거리지 않고 일어났던 프랑스의 모든 왕의 이름을 댈 수 있다네." '**일어났던**'이란 표현은 엄밀히 왕들을 단순한 사물로 바꾸지는 않지만 그들을 비인격적인 사건과 같은 것이 되게 한다.

이 마지막 예에 관해선 이 점을 지적하기로 하자. 희극적 효과를 위해서 사람과 사물 사이의 완전한 동일화에까지 이를 필요는 없다는 점이다. 예컨대 사람과 그가 하는 직무를 혼동하고 있는 체하면서 이러한 방향으로 접어드는 것만으로 충분한 것이다. 나는 다만 아부[64]의 한 소설에 등장하는 마을의 면장이 한 말을 인용하고자 한다. "도지사님. 1847년 이래 몇 번이나 경질되었음에도 불구하고 여전히 저희들에게 한결같은 호의를 베풀어 주시고…"

이러한 모든 재담은 동일한 본보기 위에서 이루어진 것이다. 그 형식을 알고 있는 이제, 우리는 그런 말들을 무한히 지어낼 수 있을 것이다. 그러나 꽁트 작가나 통속 희극 작가의 기

---

64 Edmond About(1828~1885). 프랑스의 언론인이자 소설가. 짧은 재치 소설로 「파리의 결혼Les Mariages de Paris」(1856), 「어느 공증인의 코Le Nez d'un notaire」 (1862) 등을 썼다. 본문의 이야기는 작품 「피에르 선생Maître Pierre」에 나온다.

교는 단순히 말을 지어내는 데 있는 것이 아니다. 어려운 일은 말에 암시력을 부여하는 것, 말하자면 그것을 그럴싸하게 받아들이게끔 되게 하는 것이다. 그리고 우리는 그런 말들이 어떤 정신 상태에서 자연스럽게 나온 산물이거나, 문제되는 상황에 꼭 들어맞을 경우에만 받아들인다. 즉 우리는 페리숑 씨가 첫 여행을 떠나는 순간에 아주 흥분해 있음을 안다. 그리고 "일어난"이라는 표현은 딸이 아버지 앞에서 학과를 암송할 때 수없이 되풀이되었음에 틀림없는 상황에서 비롯한다. 그것은 우리에게 암송을 연상케 하는 것이다. 마지막으로 행정을 하는 기계[65]에 대한 찬사는 엄밀히 말하자면 사람 이름이 바뀌어도 도지사라는 직함에는 아무것도 변하는 것이 없으며, 직무는 그것을 수행하는 관리와는 독립해서 수행된다는 사실을 우리로 하여금 믿게 하는 데까지도 이끌어 갈 수 있는 것이다.

이제 우리는 웃음의 최초 원인으로부터 아주 떨어진 지점에 이르렀다. 이러한 희극적인 것의 형태는 그 자체로서는 설명할 수 없는 것으로서, 결국 다른 형태와의 유사성을 통해서만 이해되는데, 이 다른 형태는 또 제3의 것과의 유사 관계 때

---

[65] 위의 도지사를 빗대어 한 말.

문에 우리를 웃기고 이런 식으로 한참 동안 이어진다. 그 결과 심리적인 분석은 그것이 아무리 명석하고 깊이 파고드는 것이라 해도, 희극적 인상이 그것을 따라서 계열의 한 끝에서 다른 끝으로 이동하는 흐름의 끈을 잡지 않는다면 필연적으로 방황하게 마련이다. 이러한 과정의 연속성은 어디서부터 기인하는가? 어떠한 추진력과 무슨 기이한 충동에 의해 희극적인 것은 한 이미지에서 다른 이미지로 이행되며, 시발점에서 점점 더 멀리 나아가서 종국에 가서는 한없이 멀리 떨어진 유사성들 속으로 분할되어 사라져 버리는가? 나무의 가지들을 잔가지로, 뿌리를 곁뿌리로 나누고 다시 세분하는 힘은 무엇인가? 거역할 수 없는 법칙에 의해 모든 생명적 에너지는 그들에게 허락된 짧은 시간에 가능한 한 광대한 공간을 차지하도록 운명지어졌다. 그런데 희극적 상상력이야말로 진정 살아 있는 에너지이니 그것은 문화가 그로 하여금 가장 세련된 예술 작품과 어깨를 겨루게 할 날을 기다리면서, 사회적 토양의 척박한 부분에서 힘차게 자라난 나무와도 같은 것이다. 이제까지 고찰한 희극의 실례들 속에서 우리는 사실 위대한 예술로부터 떨어져 있다. 그러나 다음 장에서 우리는 비록 그것에 완전히 도달하지는 못한다 해도 이미 한층 더 접근할 것이다. 예술보다 한 단계 아래에 기교^{artifice}가 있다. 이제 우리가 파헤칠 곳은 자연과 예술의 중간 지대인 기교의 영역이다. 우리는 통속 희극작가와 재치가 넘치는 사람을 다룰 것이다.

2장

상황에 있어서의 희극적 요소와
말에 있어서의 희극적 요소

I. 상황과 행위에 있어서의 희극적 요소

1. 어린이의 놀이

우리는 형태와 태도, 그리고 움직임 일반에 있어서의 희극적 요소에 관해 고찰했다. 이제 우리는 행위와 상황에 있어서 희극적인 것을 규명해야만 한다. 물론 이러한 종류의 희극은 일상생활 속에서 얼마든지 쉽게 만날 수 있다. 그러나 분석이 가장 잘 이루어질 수 있는 것은 이러한 영역에서는 아닐 것이다. 설사 연극이 삶을 확대하거나 단순화시키는 것이 사실이라 해도, 우리들이 제기하는 주제의 특별한 분야에 있어서는 코미디가 실생활보다 더 많은 지식을 제공할 수 있는 것이다. 어쩌면 우리는 도리어 이러한 단순화를 더욱 멀리 밀고 나가서, 우리들의 가장 오래된 추억에까지 거슬러 올라가, 어린 시절에 우리를 즐겁게 했던 놀이 속에서 웃음을 자아내는 희극적 배합의 최초의 윤곽을 찾아야만 할 것이다. 너무나도 흔히 우리는 우리들의 즐거움과 고통의 감정들이 마치 그것들이 생겨날 때부터 이미 성숙한 것인 양, 그 나름의 역사를 갖고 있지 않은 듯이 이야기한다. 우리는 특히 대부분의 유쾌한 정서 속에는 여전히 유치한 요소가 있음을 너무나도 자주 무시하는 것이다. 허나 얼마나 많은 현재의 즐거움이, 만일 우리가 그것들을 보다 면밀히 검토해 본다면, 과거의 즐거움의 회상에 불과한 것이 되어 버리는가! 정서들을 그 순간에 분명하게 느껴진 것으로 환원하고, 그것들로부터 단순히 회상에 불과한 모든 것을 제거한다면, 우리의 그 많은 정서들 중에서 무엇이 남을 것인가? 나아가 우리는 일정한 나이를 먹고부터 신선하고 진기한 환희에 무감각해지지나 않았는지, 그리고 성년成年에 있어서의 가장 감미로운 충족감은 되살아나는 어린 시절의 감정, 즉 점점 더 멀어져만 가는 과거가 더욱 간헐적으로 전해 주는, 향기로운 미풍일지 누가 아는가? 이 매우 일반적인 물음에 대한 사람들의 답변이야 어떠하든 한 가지는 의심의 여지가 없다. 그것은 어린이가 하는 놀이의 즐거움과 어른의 세계에 있어서의 동일한 즐거움 사이에는 어떤 단절이 있을 수 없다는 것이다. 그런데 코미디는 틀림없이 놀이, 그것도 삶을 흉내내는 놀이이다. 그리고 만일 어린이의 놀이에서 인형이나 꼭두각시를 갖고 놀 때 가느다란 실로 모든 것을 움직인다면 연극의 상황을 꾸미는 실에서 우리가 되찾아야 할 것은 자꾸 써서 닳은 것이긴 하지만, 바로 이 똑같은 끈이 아닐까? 그러므로 어린이의 놀이로부터 출발하도록 하자. 어린이는 커가면서 자기의 꼭두각시를 성장시키고 그것에 생명의 입김을 불어넣어, 결국 여전히 꼭두각시로 남아 있으면서도 인간화된, 종국에는 불분명한 중간적 상태로 그것을 이끌었다고 할 수 있는데, 이 점진적 과정을 추적해 보기로 하자. 그러면 우리는 코미디의 인물을 대하게 된다. 그리고 그들의 경우를 통해 앞의 분석이 우리로 하여금 예측하게 해준 법칙을 검증할 수 있을 것이다. 우리가 통속 희극 일반의 상황을 정의할 법칙은 다음과 같다: **우리에게 서로 동화된 생명이라는 환상과 기계적 배치에 관한 분명한 인상을 동시에 주는 행동과 사건의 배치는 모두 희극적이다.**

1) 깜짝상자[66]

우리는 모두 어린 시절에 상자 속에서 튀어나오는 악마를 가지고 놀았다. 그놈의 머리를 눌러 상자에 넣으면 다시 튀어나온다. 인형은 더 낮게 누를수록 더 높이 솟아오른다. 덮개 아래로 세게 누르면 상자째 튀어 오르곤 한다. 나는 이 장난감이 아주 옛적부터 있었던 것인지는 모르겠으나 깜짝상자와 같은 놀이의 종류는 분명히 어느 시대에나 있다. 이것은 두 가지 완강한 고집들 간의 싸움에서 성립하는데, 그 한 고집은 순진히 기계적인 것으로서, 이 고집을 가지고 노는 다른 고집에 흔히 굴복하고 만다. 생쥐를 가지고 노는 고양이는 생쥐를 매번 용수철처럼 도망치게 내버려 두고는 한 발로 정확하게 잡아내곤 하는데, 이것은 똑같은 종류의 유희를 즐기고 있는 것이다.

그러면 연극으로 넘어가자. 우리가 출발해야 하는 것은 기뇰[67]의 인형극으로부터이다. 경찰관이 무대에 뛰어드는데,

---

66 Le diable à ressort. 뚜껑을 열면 괴상한 형태의 인형이 불쑥 튀어나오는 장난감.

67 1800년대 초 프랑스 리옹Lyon에서 실직한 방직공이었던 로랑 무르게(Roland Mourguet, 1769~1844)가 만든 인형극의 주인공이다. 자신의 탁월한 언변과 예술적 감성을 발휘해 1808년쯤 자신만의 캐릭터 기뇰Guignol을 만들어냈다. 나무를 깎아 머리를 만들고 가죽옷을 입혀 그 아래로 손을 집어넣어 움직임을 표현하는 손가락 인형이다. 친구의 이름을 따서 기뇰이라고 명명했다고 하는데, 훗날 익살 광대의 대명사가 되었다.

으레 곧바로 몽둥이로 한 대 얻어맞고는 나자빠진다. 경관이 발딱 일어나면 두 번째 몽둥이가 날아들어 그를 납작하게 눕힌다. 다시 일어나려고 하면 또다시 몽둥이가 날아든다. 눌렸다가 다시 풀리는 용수철의 일정한 리듬으로 경찰관은 나동그라졌다가는 다시 일어서는데, 그럴 때마다 관객의 웃음소리는 점점 커진다.

이제 오히려 정신적 성격의 용수철을 상상해 보자. 한 사람이 어떤 생각을 말하면 다른 사람이 중지시키고 그러면 다시 말을 꺼낸다. 끊임없이 터져 나오는 말의 흐름이 제지당하면 다시 이어진다. 우리는 여기서 다시 한 번 자기 고집을 내세우는 하나의 힘과 그것과 싸우는 또 다른 집요함을 생각하게 된다. 그러나 이러한 광경은 그 속에 깃들어 있는 물질성의 부분을 이내 상실하고, 그러면 우리는 더 이상 기뇰의 연극이 아니라 진짜 코미디를 대하게 되는 것이다.

많은 희극적 장면은 결국 이 단순한 형태에로 귀결된다. 그래서 「강제 결혼Mariage forcé」에 나오는 스가나렐Sganarelle과 팡크라스Pancrace 사이의 장면에 있어서, 모든 희극적인 것은 철학자로 하여금 자기 말을 듣게 하려는 스가나렐의 의도와 자동적으로 작동하는, 진짜로 말하는 기계인 철학자의 고집 사이에

서 일어나는 충돌에서 비롯한다.[68] 연극이 진행됨에 따라 디아
볼로의 이미지는 더 잘 드러나게 되고, 마지막에 가서는 스가
나렐이 팡크라스가 다시 등장할 때마다 무대 뒤로 밀어내면서
등장인물 자신이 깜짝상자의 운동을 모방한다. 팡크라스는 계
속 떠벌리기 위해서 그때마다 무대로 다시 나온다. 그리고 스
가나렐이 팡크라스를 들여보내고 집안에(실은 상자 바닥에라고
말하고 싶다) 감금하는 데 성공할 때, 마치 상자의 덮개를 폭파
시켜 날려버리듯이 갑자기 팡크라스의 머리가 창문으로 뒤어
나온다.

「상상병 환자」에서도 똑같은 장면이 나온다. 의사 퓌르공
Purgon은 자신의 의술이 모독당하자, 아르강Argan에게 그가 걸릴
수 있는 모든 병명들을 입에 담으며 화풀이를 한다.[69] 그리고
아르강이 마치 퓌르공의 입을 봉하기 위해서인 양, 자리에서
일어설 때마다 퓌르공은 마치 누군가가 그를 무대 뒤로 밀어
낸 듯이 잠시 사라졌다가 용수철에 의해 밀려난 듯이 새로운
저주를 입에 올리면서 무대에 나타난다. "퓌르공 선생님" 하는,

---

68 몰리에르, 「강제결혼」, 1막 4장.
69 몰리에르 「상상병 환자」, 3막 5장.

끊임없이 되풀이되는 똑같은 외침이 이 작은 코미디의 장면에 박자를 맞추고 있다.

당겨졌다가 늦추어지고 그리고 다시 당겨지는 용수철의 이미지를 보다 자세히 음미해서 그 본질적인 것을 추출해 보도록 하자. 그러면 우리는 전형적인 코미디가 구사하는 일상적인 수법의 하나인 **반복**을 발견하게 될 것이다.

연극에서 말을 반복하는 것이 희극적이 되는 것은 어디에서 비롯하는 것일까? 이 아주 단순한 물음에 만족스럽게 대답하는 희극에 대한 이론을 찾아보아야 헛수고일 것이다. 그리고 우리가 재미있는 말에 대한 설명을 그것이 암시하는 것을 따라서 말 자체 속에서 찾으려고 해도, 물음은 사실상 여전히 풀리지 않는다. 널리 통용되고 있는 설명 방식의 부적절함이 여기에서보다 더 잘 드러나는 곳은 없으리라. 그러나 사실은 우리가 뒤에서 다시 고찰하게 될 아주 특수한 경우를 제외한다면 말의 반복은 그 자체로서 우스운 것이 아니다. 말의 반복은 그것이 정신적인 요소가 들어 있는 어떤 특정한 놀이를 상징하고, 이 놀이는 다시 완전히 물건을 가지고 하는 물리적 놀이의 상징이 될 때 비로소 우스꽝스러운 것이 된다. 그것은 생쥐를 갖고 즐기는 고양이의 장난, 악마를 상자 밑바닥에 넣었다가 튀어나오면 다시 밀어 넣는 아이의 놀이와 같은 것인데, 다만 보다 세련되고 정신이 깃들여져 감정과 생각의 영역으로 이전된 것이다. 연극에서 말의 반복이 갖고 있는 중요한 희극적 효과들을 정의할 수 있다고 생각되는 법칙은 이러하다: **말의 희극적인 반복에는 일반적으로 두 가지 요소가 작용하는데, 그 하나는 용수철처럼 풀어지는 억눌린 감정이며 다른 하나는 즐거이 이 감정을 다시 압박하려는 생각이다.**

도린느^{Dorine}가 오르공^{Orgon}[70]에게 자기 아내의 병에 대해서 이야기하는데 오르공은 타르튀프의 건강을 묻기 위해 그의 말을 끊임없이 가로막는다. 그리고 이때 "그리고 타르튀프 씨는요?" 하는, 변함없이 되풀이되는 물음은 우리에게 튀어나오는 용수철에 대한 아주 분명한 느낌을 준다. 도린느는 그때마다 엘미르^{Elmire}[71]의 병에 관한 이야기를 되풀이하면서 이 용수철을 밀어내는데, 이것을 즐긴다.[72] 스카팽^{Scapin}[73]이 늙은 제롱

---

70 몰리에르의 희극 「타르튀프Tartuffe」에 나오는 인물.
71 몰리에르의 희극 「타르튀프」에 나오는 인물.
72 「타르튀프」, 1막 4장.
73 몰리에르의 희극 「스카팽의 간계Le Fourberie de Scapin」에 나오는 인물.

트^{Geronte}74에게 그의 아들이 그 악명 높은 갤리선에 죄수로 끌려갔으니 지체 없이 손을 써서 풀려나게 해야 한다고 와서 얘기할 때, 그는 도린느가 오르공의 무분별함을 가지고 장난하는 것과 아주 똑같은 방식으로 제롱트의 인색함을 갖고 논다. 이 늙은이의 인색함은 움츠러들었다간 자동적으로 다시 튀어나온다. 그리고 몰리에르가 제롱트로 하여금 지불해야만 하는 돈에 대한 회한이 담긴 말을 기계적으로 반복하게 함으로써 드러내고자 한 것은 바로 이 자동적 규칙성이다: "갤리선에는 뭘 빌어먹겠다고 갔담?"75 똑같은 내용이 발레르^{Valère}76가 아르파공^{Harpagon}77에게 딸을 그녀가 사랑하지 않는 남자와 결혼시키려고 하는 것은 잘못된 것이라고 말하는 장면에서도 나타난다. "지참금은 한 푼도 줄 필요가 없다니까!"78 아르파공의 인색함은 이렇게 상대의 말을 계속 끊는다. 그리고 자동적으로 되풀이되는 이 외침 뒤에서, 우리는 고정관념에 의해 형성된,

---

74 몰리에르의 희극 「스카팽의 간계」에 나오는 인물.
75 「스카팽의 간계」, 2막 7장
76 몰리에르의 희극 「수전노$^{L'Avare}$」에 나오는 주인공.
77 몰리에르의 희극 「수전노」에 나오는 주인공.
78 「수전노」, 1막 5장.

완전히 반복하는 기계장치를 엿볼 수 있다.

　　때때로 이 기계주의를 감지하기가 더욱 곤란한 경우가 있는 것이 사실이다. 그리고 이때 우리는 희극적인 것에 대한 이론에 있어서 새로운 어려움에 접한다. 장면의 모든 관심이 이중적인 역할을 하는 한 인물에 집중되어 있어, 상대방은 그를 통해 주인공의 이중 인격성이 드러나는 단순한 프리즘의 역할을 하는 경우가 있다. 이런 경우 우리는 연극이 주는 효과의 비밀을 내적인 코미디 속에서—외적인 장면은 이것을 다만 굴절시켜 드러낼 뿐이다—찾아야 한다. 그렇지 않고 우리가 보고 듣는 것, 즉 배우들 사이에서 벌어지는 외적 장면 속에서 찾는다면 잘못 이해할 위험이 있는 것이다. 예를 들어 오롱트 Oronte가 알세스트Alceste[79]에게 자기 시가 좋지 않다고 생각하느냐고 물을 때 알세스트가 고집불통으로 "나는 그런 말을 하는 게 아냐!" 하고 대답한다. 이 말의 반복은 우스꽝스러운 것이긴 하나 그렇다고 해서 오롱트가 알세스트와 우리가 조금 전에 언급한 놀이를 즐기고 있는 것이 아니라는 것은 명백하다.[80]

79　몰리에르의 희극 「인간혐오자Le Misanthrope」에 등장하는 인물.
80　「인간혐오자」, 1막 2장.

그러나 조심하자! 이 경우 알세스트에 있어서 실제로는 두 사람이 문제된다. 한편으로는 이제 사실을 곧이곧대로 털어놓기로 맹세한 "염세가"이며, 다른 한편으로는 갑자기 예의의 여러 형식들을 잊어버릴 수 없는 신사 또는 어쩌면 이론에서 실천으로 넘어가야 하는, 그래서 상대편의 자존심을 손상시키고 고통을 주어야 하는 결정적인 순간에 뒤로 물러서는 그저 착한 사람이다. 그러므로 진정한 무대 장면은 알세스트와 오롱트에 있는 것이 아니라 오히려 알세스트와 그 자신 사이에 있다. 이 두 사람의 알세스트 중에서 한 알세스트는 불쑥 사실을 내뱉고 싶어 하고 다른 알세스트는 그가 모든 걸 말하려고 하는 순간에 그의 입을 틀어막는다. "나는 그런 말을 하는 게 아냐!" 하고 되풀이되는 말들은 밖으로 뛰쳐나오려고 애쓰는 무엇인가를 밀어 넣으려는 점증하는 노력을 드러낸다. 그래서 "나는 그런 말을 하는 게 아냐!" 하는 말의 억양은 갈수록 격렬해지고 알세스트는 점점 화가 치밀어 오르는데, 이 화는 그가 믿듯이 오롱트에게 향한 것이 아니라 실은 자기 자신에게 향한 것이다. 이렇게 해서 용수철의 강도는 최후에는 느슨하게 풀어져버릴 때까지 지속적으로 새로워지면서 강화된다. 결국 반복의 기계장치는 여기서도 마찬가지다.

어떤 사람이 "인류 전체와 정면으로 대립하게 될지라도" 그가 실제로 생각하는 것만을 얘기하겠다고 결심한다고 해서 이것이 반드시 우스운 것은 아니다. 그것은 삶의, 그것도 최선의 삶의 한 국면이다. 다른 어떤 사람이 부드러운 성격이나 이기심, 또는 경멸에 의해 사람들에게 듣기 좋은 말만 하기를 좋아한다면, 이것 역시 삶의 한 측면에 불과하다. 거기에 우리를 웃게 하는 것은 아무것도 없다. 이 두 사람을 한 사람에로 결합한다고 치자. 그래서 이 사람이 다른 사람의 마음을 상하게 하는 솔직함과 남을 속이는 예절 사이에서 주저하도록 해보자. 만일 이 두 감정이 서로 대립된다는 바로 그 사실로 인해 서로를 보완하고 함께 나란히 발전해서, 혼합된 마음의 한 상태를 형성한다면, 요컨대 이 두 감정이 삶의 복합적인 인상을 우리에게 주는 **화해 수단**^{modus vivendi}[81]을 취하게 된다면, 이 반대되는 두 감정의 대립 역시 희극적일 수 없고, 도리어 진지하게 보일 것이다. 그러나 이 두 감정이 살아 움직이는 사람 속에서 요

---

[81] 모두스 비벤디는 원래 의견이나 사상 등이 서로 다른 사람, 조직 또는 국가 간의 분쟁을 해결하기 위하여 맺는 일시적 타협이나 잠정협정을 의미하는 라틴어 표현. 타협안, 협조방식, (협조적) 생활양식 등으로 번역하기도 한다.

지부동으로 굳어져 있다고 가정해 보자. 그래서 이 사람이 이 양자 사이에서 시계추처럼 왔다 갔다 한다고 해보자. 특히 이 왕복이 흔히 볼 수 있는 단순하고 유치한 장치가 갖는, 눈에 익은 형태를 취하면서 완전히 기계적인 것이 되었다고 생각해 보자. 이 경우에 우리는 지금까지 우리가 우스운 대상들 속에서 발견한 이미지, 즉 **생명적인 것 안에 있는 기계적인 것**을 발견하게 되는데 이것이 바로 희극적인 것이다.

우리는 깜짝상자라는 첫 번째 이미지에 대해 충분히 고찰해서 희극적 상상력이 어떻게 조금씩 조금씩 물질적 기계주의를 정신적 기계주의로 환원하는가를 알아보았다. 이제 우리는 다른 한두 가지 놀이를 그것들의 간략한 설명에 국한하면서 검토하기로 하자.

2) 꼭두각시 놀이

코미디 장면 중에는 등장인물이 자유롭게 말하고 행동하는 것처럼 스스로 믿지만, 즉 주인공이 생명의 본질을 지니고 있으나 어떤 각도에서 보면 그를 갖고 노는 다른 사람의 손아귀에서 움직이는 장난감에 불과한 것처럼 보이는 것이 수없이 많다. 어린애들이 끈으로 조종하는 꼭두각시에서 스카팽에 의해 교묘히 농락당하는 제롱트나 아르강트로의 이전은 쉽게 이루어진다. 스카팽의 말을 직접 들어보자: "**술책**이 자연스럽게 생각났어" 또는 "하늘이 그들을 내가 쳐놓은 **그물**로 인도한다" 등이다.[82] 자연스러운 본능에 의해, 그리고 적어도 상상 속에서 사람은 속임을 당하는 사람보다 속이는 사람이 되기를 원하기 때문에, 관객은 사기꾼의 편에 선다. 관객은 극중의 사기꾼의 놀이에 한패가 되어 친구가 갖고 놀던 인형을 빌려 받은 어린이처럼, 자기 스스로 손에 실을 잡고 꼭두각시를 무대에서 왔다 갔다 하게 한다. 그러나 이 마지막 조건은 꼭 갖추어져야 하는 것은 아니다. 우리가 기계적 작동에 대한 아주 선연한 인상을 지니고 있기만 한다면 우리는 물론 무대에서 일어나는 일에 방관자로 남아 있을 수 있다. 이런 경우는 주인공이 양편 사이에서 왔다 갔다 하고, 이것들이 번갈아 가며 그의 마음을 끌 때이다. 예컨대 파뉘르주^Panurge[83]가 피에르^Pierre나 폴^Paul에게 자기가 결혼을 해야만 하는지 물어 보는 경우가 그것이다. 이

82　「스카팽의 간계」, 1막 5장.

83　프랑스의 작가 라블레(François Rabelais, 1490?~1553)의 대표작 『팡타그뤼엘 *Pantagruel*』의 주인공 이름. Panurge는 헬라스어로 '능수능란한 사람'이라는 뜻이다.

런 경우에 있어서 희극 작가는 이 반대되는 양편을 **의인화**하는 데 유의한다는 사실을 주의하자. 왜냐하면 관객 대신에 적어도 배우가 끈을 잡아야 하기 때문이다.

삶에 있어서 모든 진지함은 우리의 자유로부터 유래한다. 우리가 발육시킨 감정이나 알을 품어 까듯이 부화시킨 정열, 그리고 우리가 숙고해서 결행한 행동, 한마디로 우리로부터 유래한 것, 분명히 우리의 것인 것, 이것들이야말로 때로 비장하고 대체로 심각한 양상을 삶에 부여하는 것이다. 이 모든 것이 코미디로 바뀌기 위해서 무엇이 필요할 것인가? 그러기 위해서는 겉으로 드러난 자유가 실은 꼭두각시를 움직이는 실을 감추고 있고 시인이 노래했듯이 지상에서의 우리들은,

…가련한 꼭두각시들

그 끈은 필연의 손에 있나니.[84]

---

84 최초의 노벨 문학상을 수상한 프랑스의 시인 쉴리 프뤼돔(Sully Prudhomme, 1839~1907)의 시집 『시련Les Epreuves』(1866)에 수록된 「어떤 선한 사람Un Bonhomme」의 한 구절. 이 시의 주인공은 철학자 스피노자이다.

그러므로 공상적 기발함이 이 단순한 이미지를 환기시킴으로써 희극으로 밀어붙일 수 없는 실재적이고 진지한 그리고 극적이기조차 한 장면은 없다. 그리고 여기보다 더 그 영역이 광대하게 펼쳐진 놀이는 없을 것이다.

3) 눈덩이

코미디의 방식에 대한 우리의 연구가 진행됨에 따라 우리는 어린 시절의 회상이 갖는 역할을 보다 잘 이해하게 된다. 이러한 회상은 아마도 어떤 특정한 놀이보다는 그 놀이가 응용하고 있는 기계적 장치를 대상으로 한다. 더욱이 이러한 동일한 일반적 장치는 마치 동일한 오페라 아리아가 많은 환상곡에서 발견되듯이 아주 다양한 놀이 속에서 찾아진다. 여기서 중요한 것, 정신이 잊지 않고 있는 것, 감지할 수 없는 점진적 단계를 통해서 어린이의 놀이에서부터 어른의 놀이로 이행하는 것, 그것은 바로 이러한 놀이들이 그것의 구체적인 응용의 결과인 결합의 도식^{schéma} 또는 추상적 형식이다. 예컨대 굴러가면서 점점 커지는 눈덩이를 보자. 우리는 이내 열을 지어 늘어서 있는 납으로 된 군인 인형을 생각할 수 있다. 우리가 처음 것을 건드리면 그것은 두 번째 것 위로, 이 두 번째 것은 세 번째 것을 넘어뜨리고 결국 모두가 쓰러질 때까지 사건은 점점 악화된다. 아니면 공들여 쌓아올린 카드로 된 성을 생각해 보자. 우리가 건드린 첫 번째 카드는 처음에는 움직일 듯 말 듯 하다가 진동에 흔들린 옆의 카드가 더 빨리 움직여서 무너지는 과정은 점점 속도를 더해 마지막 파국에까지 눈 깜짝할 사이에 다다르게 된다. 이러한 주제들은 매우 상이한 것들이지만, 동일한 추상적 관념을 우리에게 암시해 준다고 말할 수 있다. 즉 그것은 결과가 점점 확산되면서 퍼져 나가 처음에는 대수롭지 않은 원인이 필연적인 과정을 통해 중대하고도 예기치 못한 결과에 이른다는 생각이다. 이제 어린이를 위한 그림책을 펼쳐보자. 우리는 이러한 배열이 이미 희극적인 장면의 형태로 발전하고 있음을 발견할 수 있을 것이다. 예를 들어 에피날 총서^{Série d'Epinal}85를 펼쳐보면 한 방문객이 급하게 살롱에 뛰어든다. 그는 한 여인을 밀치고, 이 여인은 커피 잔을 노신사

---

85 프랑스 로렌느Lorraine 지방의 도시인 에피날Épinal은 인쇄로 유명한 역사적인 도시로서 수백 년 동안 대량의 목판화 및 석판 인쇄물을 생산했다. 15세기 후반에 접어들면서는 인쇄술 발달을 기반으로 여러 풍자적 판화가 유행했고, 이런 판화는 18세기에 접어들며 에피날 판화라 불리며 성자의 그림, 나폴레옹 제국 시절 병사들의 그림들을 판화로 묘사했다.

에게 엎지르고, 이 노신사는 유리창 쪽으로 미끄러져서 창문은 길거리에서 한껏 경찰로서의 위엄을 갖춘 경관의 머리 위로 떨어진다. 똑같은 배열이 성인을 위한 그림에도 많이 있다. 희극 만화가들이 그리는 "말 없는 이야기"를 보면 흔히 장소를 옮기는 어떤 물건과 그것과 밀접히 연관되어 있는 사람들이 등장한다. 그래서 한 장면에서 다른 장면으로 나아감에 따라 물건의 위치 변화는 사람들 사이에 점점 심각해지는 상황 변화를 기계적으로 일으킨다. 이제 코미디의 경우를 살펴보기로 하자. 얼마나 많은 익살스러운 장면과 코미디가 이 단순한 형태로 귀결하는가! 「소송광ʲᴱ, Les Plaideurs」에서의 시카노Chicaneau의 이야기를 다시 읽어 보자. 소송은 톱니바퀴처럼 다른 소송에 맞물려 이어져 나가, 마지막에 가서 건초더미를 놓고 일어난 소송이 원고의 재산의 대부분을 잃게 하는 과정으로 점점 빠른 속도로 진행된다.[86] (라신[87]은 법률 용어를 점점 촘촘히 늘어놓음으로써 점증하는 가속화의 느낌을 우리에게 주고 있다). 똑같은

---

86 라신, 「소송광」, 1막 7장.

87 Jean Baptiste Racine(1639~1699). 이른바 프랑스의 고전주의를 대표하는 극작가. 몰리에르, 코르네이유와 함께 프랑스 고전극 3대 거장 중의 정점을 이룬다. 대표작으로는 「앙드로마크Andromaque」, 「페드르Phèdre」 등이 있다.

각색이 돈키호테의 몇몇 장면에서도 나온다. 예컨대 여인숙 장면에서 상황이 기묘하게 연결되어 노새 몰이꾼이 산초를 후려치고, 산초는 마리토른Maritorne을 때리고 그리고 그녀에게 여인숙 주인이 넘어지는 것 등이다. 마지막으로 현대의 통속 희극으로 넘어가 보자[88]. 이와 똑같은 결합이 나타나는 모든 형태를 다시 불러올 필요가 있을까? 사람들이 흔히 사용하는 형태가 하나 있다. 어떤 물건(예컨대 편지)이 어떤 사람에게 아주 중요한 것이어서 무슨 대가를 치르고서라도 반드시 되찾아야 한다. 이 물건은 사람이 되찾았다고 믿는 순간마다 빠져나가, 연극 전체를 통해 점점 중대하고 예기치 않은 일들을 일으키면서 굴러간다. 이 모든 것은 우리가 처음에 생각했던 것보다 훨씬 더 어린이의 놀이와 유사하다. 그것은 언제나 불어나는 눈덩이의 결과인 것이다.

기계적 결합의 특성은 일반적으로 **거꾸로 되돌아 올 수 있다**réversible 점이다. 어린이는 구주희九柱戱[89]에서 던져진 공이

---

88 이 책에서 베르그손이 '현대'라고 표현하는 시점은 당연히 이 책의 원고가 작성된 19세기 말을 가리킨다.

89 아홉 기둥을 세우고 큰 공으로 이것을 넘어뜨리는 놀이로서 11세기 무렵에 독일의 교회에서 시작된, 오늘날 볼링의 전신이다.

굴러가면서 기둥들을 모두 쓰러뜨리는 것을 보고 재미있어 한다. 어린이의 웃음소리는 공이 갖가지 방식으로 선회하고 멈추었다가 다시 굴러가서 마지막으로 출발점으로 되돌아오면 더욱더 커진다. 바꾸어 말하면 우리가 바로 위에서 묘사한 과정은 그것이 직선적인 경우에 이미 웃음을 자아내게 한다. 그런데 이 과정이 원운동을 그릴 때 그리고 주인공이 하는 하나하나의 노력이 인과의 필연적 얽힘에 의해 그를 바로 제자리에 되돌아오게 할 때 더욱 희극적인 것이 된다. 수많은 통속 희극이 이러한 착상을 소재로 하고 있음을 우리는 볼 수 있다. 이탈리아 밀짚모자를 말이 먹어 버렸다.[90] 파리 전체에 이 모자와 닮은 모자가 하나 있는데 무슨 수를 써서라도 그것을 찾아야 한다. 이 모자는 그것을 손에 쥘 수 있을 순간이면 으레 뒷걸음질해서 주인공을 계속 달리게 하고, 이 주인공은 마치 자석이 인력에 의해 서로서로 달라붙은 쇳가루를 끌고 다니듯이 그와 관계 맺은 다른 사람들을 달리게 한다. 그리고 결국 천신만고 끝에 주인공이 목표에 이르렀다고 확신할 때 그렇게

---

90 프랑스의 통속 희극 작가 라비슈의 「이탈리아 밀짚모자Un Chapeau de paille d'Italie」에 나오는 이야기.

도 찾았던 모자가 말이 집어삼켜 버린 바로 그 모자임이 밝혀진다. 동일한 오디세이적 모험담은 라비슈의 다른 유명한 코미디에도 등장한다. 막이 오르면 매일 카드놀이를 즐기는, 아주 오래전부터 알고 지내는 사이의 노총각과 노처녀가 나온다. 이들은 상대방이 모르게 같은 결혼 중매소에 신청서를 냈다. 작품 전체를 통해 이들은 숱한 어려움을 겪고 실패에 실패를 거듭한 끝에 결국 나란히 서로서로 얼굴을 맞대게 하는 맞선으로 줄달음친다.[91] 똑같은 순환적 귀결, 똑같이 출발점으로 되돌아가는 장면이 보다 최근의 작품에도 나온다.[92] 아내 손에 쥐여 사는 남편이 이혼을 함으로써 아내와 장모로부터 해방될 수 있으리라고 믿는다. 그는 재혼을 한다. 그런데 이건 또 어찌된 일인가. 이혼과 결혼의 이중 조화는 그를 새로운 장모가 되어 더욱 악독해진 옛 마누라에게 돌아가게 하지 않는가!

이러한 종류의 희극이 얼마나 강력하고 빈번하게 등장하는지를 고려한다면 그것이 왜 몇몇 철학자들의 상상력을 자극

---

91 라비슈의 「판돈」에 나오는 이야기.

92 프랑스의 극작가 비송A. Bisson과 마르스A. Mars의 합작 통속 희극 「이혼의 놀라움 Les Surprises de divorce」에 나오는 이야기.

했는가를 이해할 수 있다. 원거리를 나아갔으나 자기도 모르는 사이에 출발점으로 되돌아오는 것은 결국 많은 노력을 경주하였으나 아무런 결실도 맺지 못하게 되는 것이다. 따라서 희극적인 것을 이런 방식으로 정의하고 싶은 마음이 들 수 있었던 것은 당연하다. 사실 스펜서[93]의 의견이 그런 것처럼 보인다. 그에 의하면 웃음은 갑자기 허망함에 부딪치는 노력의 표시이다. 칸트 역시 같은 말을 이미 했다: "웃음은 뜻밖에 아무것도 아닌 것으로 변화되는 기대에서 유래한다."[94] 우리는 이러한 정의들이 우리가 검토한 마지막 예들에 적용될 수 있음을 인정한다. 그러나 이러한 공식에는 얼마간의 제한이 가해져야 하는데 그 이유는 전혀 웃음을 일으키지 않는 헛된 노력들이 종종 있기 때문이다. 그러나 만일 우리들의 마지막 예들이 대수롭지 않은 결과에 이르게 되는 중대한 원인을 보여

---

93 Herbert Spencer(1820~1903). 영국의 철학자. 진화론적 견해를 생물학, 심리학, 사회학, 윤리학 등 광범위한 부분에 적용했다. 베르그손은 젊은 시절 스펜서의 철학에 경도되었다가 그의 철학이 가진 한계를 깨닫게 되면서 자신의 사상적 토대가 되는 지속 개념을 발견하게 된다.

94 칸트(Immanuel Kant, 1724~1804)는 저서 『판단력비판Kritik der Urteilskraft』에서 웃음에 대한 고찰을 하고 있다. 베르그손이 인용한 문장이 칸트의 원문에는 다음과 같이 표현되어 있다. "웃음은 긴장된 기대가 갑자기 아무것도 아닌 것으로 변환하는 데서 일어나는 정서이다." 백종현 역, 『판단력비판』(아카넷, 2019), 374쪽.

준다 해도, 바로 앞에서 우리는 반대로 정의되어야 하는 다른 경우들을 열거했었다. 즉 하찮은 원인에서 얻어지는 엄청난 결과가 그것이다. 이 두 번째 정의가 첫 번째 정의보다 결코 더 유효하지 못하다는 것은 사실이다. 위의 두 경우들 중에 어느 쪽에 해당하든 원인과 결과 사이의 불균형은 웃음을 자아내는 직접적 원천이 아니다. 우리는 이러한 불균형이 경우에 따라 드러낼 수 있는 어떤 것을 보고 웃는데, 그것은 이러한 불균형이 일련의 원인과 결과의 배후에서 우리로 하여금 마치 투명 유리를 투과하듯 지각할 수 있게 하는 특수한 기계적 배열이라고 말하고 싶다. 만일 이 배열을 무시한다면 희극적인 것의 미로迷路 속에서 우리를 안내할 수 있는 유일한 길잡이를 놓아 주는 것이 될 것이다. 그리고 다른 방식으로 선택된 법칙은 어쩌면 적당히 선택된 몇 가지 경우에는 들어맞을지 모르겠으나, 그것을 단번에 무효화시켜 버릴 실례를 마주칠 위험에 노출되어 있다.

그런데 왜 우리는 이 기계적 배열을 보고 웃는가? 한 개인이나 단체의 일이 어느 순간에 톱니바퀴 장치나 용수철, 그리고 실에 조종되는 놀이처럼 보일 때 그것이 이상한 것은 의심할 바 없다. 그러나 이 이상함의 특정한 성격은 어디에서 비롯하는 것일까? 왜 그것이 희극적인가? 여러 가지 형태로 우리에게 이미 제기된 이 물음에 대해 우리는 언제나 똑같은 대답을 할 것이다. 우리 인간사의 살아 있는 연속성 속에 끼어든 침입자로서, 우리가 때때로 발견하는 이 완고한 기계주의는 우리에게 아주 특별한 이해관계를 지니고 있는데, 그 이유는 그것이 삶에 대한 **방심**^{distraction}과 같은 것이기 때문이다. 만일 사건들이 그것들의 고유한 진행 과정에 끊임없이 주의를 기울일 수 있다면, 어떠한 우연의 일치나 마주침 또는 순환적 계기는 일어나지 않을 것이다. 모든 것은 앞을 향해 전개되고 항상 진전할 것이다. 그리고 만일 우리가 언제나 삶에 주의하고 있다면, 그리고 우리가 부단히 타인과 우리 스스로와의 접촉을 유지하고 있다면, 우리들에게 있어서 결코 어떤 것도 용수철이나 실의 작용에 근거한 것처럼 나타나지는 않을 것이다. 희극적인 것은 그것을 통해 우리가 사물과 유사해지는 인격의 이러한 측면이며 또한 아주 독특한 방식의 경직성으로 말미암아 단순하고 순수한 기계주의, 자동주의, 한마디로 생명이 없는 움직임을 모방하는 인간사의 양상인 것이다. 그러므로 웃음은 즉각적인 교정을 요청하는 개인적이거나 집단적인 결점이며 웃음은 바로 이 교정 자체이다. 웃음은 인간이나 사건에 있어서 어떤 특정한 방심을 강조하고 억압하는 일정한 사회적 의사 표시인 것이다.

그러나 웃음 자체는 우리의 고찰을 더 멀리, 더 높이 나아가도록 요구한다. 이제까지 우리는 성인의 놀이에서 어린이를 즐겁게 하는 일정한 기계적 결합을 발견하는 데 시간을 보냈다. 그러한 우리의 방법은 사실 완전히 경험적인 것이었다. 이제 완전한 방법적 연역을 시도해서 희극적 장면의 다양한 수법을 그 원천 자체, 즉 항구적이고 단순한 원리로부터 이끌어낼 때가 되었다. 연극은 생명이 바깥으로 드러나는 형태들에 기계장치가 슬그머니 끼어들도록 사건들을 꾸민다고 이미 말했다. 그러므로 외관상 생명이 단순한 기계주의와 대조를 이루는 본질적 특성이 무엇인가를 확인하도록 하자. 실제적이고 가능적인 코미디의 여러 기법에 관한 추상적인 그러나 이번에는 일반적이고 완전한 공식을 얻기 위해서는 이러한 반대되는 특성들을 파악하는 것으로 충분할 것이다.

생명은 우리에게 시간에서의 상당한 변화, 그리고 공간에서의 일정한 복잡성으로 나타난다. 시간의 차원에서 보면, 생명은 끊임없이 나이를 먹어가는 존재의 연속적 과정이다. 이 말의 뜻은 생명은 결코 뒤로 되돌아가지 않으며 반복하지 않는다는 것이다. 공간의 관점에서 보면 생명은 공존하는 여러 요소들을 드러내는데, 이 요소들은 너무나도 밀접한 관계를 맺고 있고 오직 서로서로를 위해 형성되어 있기 때문에, 이러한 요소들의 어떤 것도 동시에 상이한 두 생명체에 소속될 수 없다. 모든 생명체는 다른 생명체와 결코 중복될 수 없는 닫힌 체계의 현상인 것이다. 형태의 연속적 변화, 현상의 불가역성, 그 자신 안에 갇혀 있는 일련의 계기의 완전한 개체성, 이런 것들이 생명체를 단순히 기계적인 것으로부터 구분하는 외적인 특성들이다(이것들이 실제로 그러한지, 외면적으로만 그런지는 중요하지 않다)[95]. 이러한 특성들과 반대되는 것을 살펴보자. 우리는 세 가지 방식을 들 수 있는데 그것들은 **반복**, **역전**, 그리고 **계기들 사이의 상호 간섭**이라고 부를 수 있는 것이다. 이렇게 보면 이 방식이 바로 통속 희극의 방식이며 다른 것은 있을 수 없다는 것을 쉽게 알 수 있다.

우리는 우선 조금 전에 고찰한 장면들에서 이 방식들이 서

---

95 베르그손이 이 책에서 웃음을 분석하기 위하여 제시하는 기본적 관점인 생명적인 것과 기계적인 것의 대립은 생명과 물질, 지속(시간)과 공간, 변화와 반복이라는 베르그손 철학의 개념적 대립과 연결되어 있다.

로 다른 용량으로 혼합되어 나타나는 것을 발견할 수 있다. 하물며 그것들의 과정을 재현하고 있는 어린이의 놀이에서는 더 말할 나위가 없다. 그러나 이 문제에 관한 분석에 너무 시간을 허비하지는 않기로 한다. 새로운 사례들 속에서 이 수법들을 그 순수성 속에서 고찰함이 더 유익할 것이며, 게다가 이보다 더 쉬운 작업은 없을 법하다. 왜냐하면 전통적인 코미디나 현대 연극에 있어서 이 요소들이 발견되는 것은 흔히 순수한 상태 속에서이기 때문이다.

2. 상황에 있어서의 희극적 방식

1) 반복

여기서 문제가 되는 것은 조금 전의 경우처럼 어떤 사람이 반복해서 말하는 단어나 문장이 아니라 몇 번이고 되풀이되어 삶의 변화하는 과정과 대조를 이루는 상황, 즉 환경의 결합이다. 일상적인 경험을 통해 우리는 이런 종류의 희극적인 것을 비록 원초적인 상태의 것이나마 익히 알고 있다. 어느 날 길거리에서 오랫동안 보지 못했던 한 친구를 만난다. 이 경우에 희극적인 것은 아무것도 없다. 그러나 같은 날 나는 다시 한 번 그를 만나고 이렇게 해서 세 번째, 네 번째 계속되면, 우리는 이 "우연의 일치"에 그만 같이 웃어 버리게 된다. 그러면 우리에게 충분히 삶에 대한 환상을 주는 일련의 상상적인 사건을 머리에 떠올린 다음, 발전하는 이 계기 속에서 동일 인물에서건 또는 서로 다른 인물에서건 되풀이해서 일어나는 동일한 장면을 상상해 보자. 이것은 보다 신기한 일치의 경우가 될 것이고 이런 것들이 연극에 등장하는 종류의 반복이다. 이 반복은 반복되는 장면이 보다 복잡할수록 그리고 보다 자연스럽게 이루어질수록 그만큼 더욱 희극적인 것이 된다. —이러한 두 가지 조건은 서로 배척하는 것처럼 보이며 극작가의 솜씨가 교묘히 양립시켜야만 하는 것이다.

현대의 통속 희극은 이 수법을 갖가지 형태로서 구사한다. 가장 잘 알려진 것 중의 하나는 일단의 인물들을 아주 다양한 환경 속으로 끌고 다니나, 실은 언제나 새로운 상황 속에서 대칭적으로 상호 일치하는 일련의 동일한 사건이나 낭패를 재생시키는 수법이다.

몰리에르의 여러 작품들 역시 코미디의 시작에서부터 끝까지 반복되는 사건의 동일한 구성을 보여주고 있다. 그래서 「아내들의 학교L'Ecole des Femmes」는 세 번에 걸쳐 동일한 결과를 다시 끌어들여 반복시킬 뿐이다. 첫 번째 진행에서 오라스 Horace는 아르놀프Arnolphe에게 아녜스Agnès의 후견인을 속이기 위해 궁리해 낸 것을 말하는데, 이 후견인이 아르놀프 자신임이 밝혀진다. 두 번째는 아르놀프가 상대방의 공격을 피했다고 믿는다. 세 번째는 아녜스가 아르놀프의 예방책이 고스란히 오라스의 이득이 되도록 일을 꾸민다. 동일한 주기적 반복이 「남편들의 학교L'Ecole des Maris」와 「덤벙쟁이L'Etourdi」에서 나오며 특히 「조르주 당댕George Dandin」에서는 동일한 결과가 세 번 등장한다. 첫 번째 진행에서는 조르주 당댕이 그의 아내가 자기를 속이고 있음을 알아챈다. 두 번째에는 장인, 장모에게 도움을 청한다. 세 번째에 가서 결국 사죄하는 것은 조르주 당댕이다.

때때로 같은 장면이 서로 다른 인물의 무리 사이에서 일어날 수 있다. 이럴 경우 첫 번째 무리는 주인이고 두 번째 무리는 하인일 때가 드물지 않다. 하인들은 주인이 이미 연기한 장면을 다른 억양과 덜 고상한 양식으로 반복하는 것이다. 「사랑의 원한Dépit amoureux」[96]의 한 부분이 이런 방식으로 구성되었고 「앙피트리옹Amphitryon」[97]도 마찬가지이다. 베네딕스[98]의 재미있는 짧은 코미디 「고집Der Eigensinn」에서는 사태가 반대이다. 여기서는 주인들이 하인들이 보여준 고집의 장면을 재현하고 있다.

그러나 그들 사이에서 대칭적 상황이 벌어지는 인물들이야 어떠하든 간에, 고전주의 희극과 현대 희극 사이에는 커다

---

96 몰리에르의 희극.

97 몰리에르의 희극.

98 Roderich Benedix(1811~1873), 독일의 극작가. 주요 작품으로 「의사 베스페Doktor Wespe」, 「신혼여행Die Hochzeitreise」 등이 있다.

란 차이가 있는 듯이 보인다.[99] 사건들 속에 수학적인 어떤 질서를 부여하면서도 적어도 그것들에 진실인 듯한, 즉 삶의 모습을 지니게 하는 것, 이것이 이들에 있어서의 한결같은 목표이다. 그러나 사용되는 방법에 차이가 있다. 통속 희극의 대부분에 있어서 작가는 관객의 정신에 직접 작용한다. 일치가 아무리 기상천외의 것이라 해도, 이 일치는, 그것이 받아들여진다는 사실에 의해서만 그럴듯한 것이 되고, 우리의 마음이 작가에 의해 그것을 받아들이게끔 조금씩 조금씩 준비되어졌을 때, 그것을 받아들이게 된다. 현대 작가가 취하는 방식은 이런 것이다. 이와는 반대로 몰리에르의 연극에 있어서는 반복을 자연스럽게 보이게끔 하는 것은 관중의 마음가짐이 아니라, 등장인물의 마음가짐인 것이다. 주인공들 한 사람 한 사람은 일정한 방향으로 쏠리는 어떤 힘을 표상한다. 그리고 동일한 반복이 일어나는 것은, 일정한 방향으로 향하는 이 힘들이 필

---

99   베르그손은 아래에서 상황에 있어서의 희극적 요소를 중심으로 고전주의 희극과 보드빌과 같은 통속 희극의 차이를 설명한다. 상황의 반복은 고전주의 희극에서는 인물의 성격을 통하여 간접적으로 드러나는 반면에 보드빌에서는 상황 자체의 독자적인 전개 방식, 방심, 얽혀 있는 사건이나 상황의 연쇄적 연결에 의해 나타나며 등장인물들은 그 결과를 감내할 수밖에 없게 된다.

연적으로 동일한 방식에 의해 상호 결합하기 때문이다. 이렇게 본다면 상황에 있어서의 코미디는 성격에 있어서의 코미디에 인접해 있는 것이다. 만일 고전주의 예술이 결과로부터 원인 속에 주입했던 것 이상의 것을 끌어내리려고 시도하지 않는다는 점이 사실이라면, 상황에 있어서의 코미디는 고전적이라고 불릴 만하다.[100]

2) 역전

이 두 번째 방법은 첫 번째 것과 너무나도 많은 유사성을 가지고 있기 때문에 그 구체적 적용에 관해서는 강조하지 않고 이것을 정의하는 것만으로 만족하기로 한다. 일정한 상황에서의 어떤 인물들을 상상해 보자. 상황이 역전되고 역할을 뒤바꿈으로써 우리는 희극적 장면을 얻을 수 있을 것이다. 「페리숑 씨의 여행Le voyage de Monsieur Perrichon」에 나오는 인명 구조

---

100 여기서 고전주의 예술은 르네상스 시대의 헬라스와 로마의 고전에 대한 관심과 이성주의적 경향이 결합하여 17세기 프랑스에서 발현한 고전주의 문학, 특히 코르네이유, 라신, 몰리에르 등으로 대표되는 희곡 분야를 지칭한다. 여기서 '고전적'이라는 것은 상황에 있어서의 코미디가 이러한 고전주의의 특징에 부합하는 측면이 있다는 의미이다.

작업의 이중 장면이 이러한 종류에 속한다.[101] 그러나 이 대칭되는 두 장면이 우리 눈앞에서 실연實演되어야 할 필연성은 없다. 작가는, 우리가 둘 중의 다른 하나를 머릿속에서 생각하고 있다는 것이 확실하기만 하다면, 하나만을 우리에게 제시할 수 있다. 그래서 우리는 재판관에게 훈계하는 형사 피고인이나 부모를 가르치려드는 아이, 결국 "역전된 세계"로 분류되는 것에 대해서 웃는다.

코미디는 그물을 던져 놓았는데 자기 자신이 그 그물에 걸려드는 사람을 자주 보여 준다. 제 자신이 어떤 박해에 희생되는 박해자나 기만당한 사기꾼의 이야기는 수많은 코미디의 소재이다. 우리는 그런 것을 이미 중세의 익살극에서 발견할 수 있다. 변호사 파틀랭Pathelin[102]은 그의 손님에게 재판관을 속일 수 있는 계략을 일러 준다. 그런데 손님은 이 술책을 변호사 비용을 안 내려고 사용한다. 어느 잔소리꾼 아내가 남편에게 모든 집안일을 하라고 강요하고는 해야 할 일거리 하나하나의

---

101 라비슈, 「페리숑 씨의 여행」, 2막 3장.

102 중세 프랑스의 유명한 익살극, 「피에르 파틀랭 선생의 익살극La Farce de Maître Pierre Pathelin」, 2막 3장. 이 작품은 익명의 작가가 1456-1460년경에 쓴 것으로 추정한다.

목록을 작성했다. 여자가 큰 물통에 빠졌을 때 남편은 그녀를 꺼내 주려고 하지 않는다. 남편 왈 "그건 내 '목록'에 올라 있지 않은걸."[103] 근대 문학은 도둑맞은 도둑의 주제에 여러 가지 다양한 변화를 가했다. 그러나 그 밑바닥에는 언제나 역할의 전도, 그리고 상황을 만들어 낸 사람이 역이용당하는 상황이 관련되어 있다.

여기서 우리는 이미 그 몇 가지 실례를 지적한 바 있는 법칙 하나를 확인할 수 있다. 어떤 희극적인 장면이 몇 번이고 되풀이된 후에, 이것은 "범주"나 전형의 단계에 이르게 된다. 이런 장면은 그 자체로서, 그것이 우리를 즐겁게 해주었던 원인과 독립해서 재미있는 것이 되어 버린다. 그래서 새로운 장면들은 당위적으로는 전혀 희극적인 것이 아니라 할지라도 만일 이런 전형과 어떤 점에서 유사하게 되면, 실제로는 우리를 즐겁게 할 수 있을 것이다. 그것들은 우리 마음속에 익살스럽다고 여겨지는 어떤 이미지를 다소 막연하게나마 불러일으킬 것이다. 이러한 장면들은 공인된 희극의 전형이 대표하는 한 유

---

103 15세기 후반의 또 다른 유명한 익살극, 「빨랫대야에 관한 매우 훌륭하고 유쾌한 새 익살극Farce nouvelle très bonne et fort joyeuse du cuvier」에 나오는 이야기.

형으로 분류된다. "도둑맞은 도둑" 이야기는 이러한 종류의 전형에 속한다. 그것은 자기 속에 간직하고 있는 희극적 요소를 수많은 다른 장면들에 방사放射한다. 그래서 결국 그것은 어떤 사람이 제 잘못으로 인해 스스로 입게 되는 모든 낭패를—그 실수나 낭패가 어떤 종류이든—우스꽝스럽게 한다. 아니, 이러한 낭패에 대한 가벼운 암시 또는 낭패를 환기시키는 단 한 마디의 말로서도 희극적 효과를 얻기에 족한 것이다. "네가 그것을 원했던 거야. 조르주 당댕."[104] 이 한 마디는 이 말에 결합되어 있는 희극적 반향이 없이는 어떤 익살도 지니고 있지 않을 것이다.

3) 계기들의 상호 간섭

우리는 반복과 역전에 관해서 충분히 얘기했다. 이제 우리는 일련의 **계기들의 상호 간섭**interférence에 관해 고찰할 차례다. 이것은 공식을 이끌어내기가 어려운 희극적 효과이다. 왜냐하면 이것이 연극에서 나타나는 형태는 놀라운 다양성을 보여 주고 있기 때문이다. 그러나 어쩌면 이렇게 정의할 수 있을지 모른다. **어떤 상황은 그것이 동시에 절대적으로 독립된 사건**

---

104 몰리에르의 작품 「조르주 당댕」에 나온다.

들의 두 계기에 속하면서 또한 아주 다른 의미로 해석될 수 있을 때 언제나 희극적이다.

그러면 우리는 즉시 희극적 오해^quiproquo를 떠올릴 것이다. 그리고 오해는 실제로 동시에 서로 다른 두 의미의 여지를 주는 상황이다. 그 하나는 단순히 가능적인 것으로 배우들이 상황에 부여하는 것이고, 다른 하나는 실제의 것으로 관객에 의해 주어지는 것이다. 작가는 관객에게 상황의 모든 면모를 보여 주도록 유의했기 때문에 우리는 상황의 실제적인 의미를 알고 있다. 그러나 배우 한 사람 한 사람은 상황의 여러 면모들 중의 하나만 알 뿐이다. 이렇게 해서 배우들은 다른 사람이 자기들한테 하는 것에 관해서나, 자기들이 하는 것에 관해서 착오가 생기고 잘못된 판단을 하게 된다. 우리는 이 잘못된 판단에서 올바른 판단으로 나아간다. 즉 장면의 가능적 의미와 실제적 의미 사이를 왔다 갔다 하는 것이다. 그리고 오해가 우리에게 주는 즐거움 속에서 우선 명백히 드러나는 것은 상반된 해석 사이를 오가는 우리의 정신적 왕복 운동이다. 우리는 어떤 철학자들이 이 왕복 운동에 특히 강한 인상을 받았으며 그중의 몇 사람은 희극적인 것의 본질 자체를 서로 모순되는 두 판단의 충돌이나 중첩에서 보았다는 것을 발견했다. 그러나 그들의 정의는 결코 모든 경우에 들어맞지는 않는다. 그리고 그것이 들어맞는 곳에서조차도 그것은 희극적인 것의 원리를 규정하고 있는 것이 아니라, 다만 희극적인 것의 다소간 막연한 결과의 하나를 규정하고 있을 뿐이다. 결국 연극에 등장하는 오해는 독립적 계기간의 상호 간섭이라고 하는, 보다 일반적인 현상의 특수한 경우이며, 게다가 오해는 그 자체로서는 우스꽝스럽지 않고 오직 계기들의 상호 간섭의 **징표**로서만이 웃음을 자아낸다는 사실을 쉽게 알 수 있다.

연극에 나오는 오해에 있어서 등장인물 한 사람 한 사람은 그가 관련되고, 그것에 관해 정확한 표상을 갖고 있는 일련의 사건에 삽입되어 말하고 행동한다. 그리고 등장인물 각자에게 고유한 계기 하나하나는 독립적으로 발전한다. 그러나 어떤 순간에 이르러 이러한 계기들은 어떤 하나의 계기에 속하는 말과 행위가 다른 계기에도 역시 들어맞게 되는 상황 속에서 만나게 된다. 거기로부터 등장인물들의 오해와 애매함이 유래한다. 그러나 이러한 애매성은 그 자체에 의해 희극적인 것은 아니다. 그것은 서로 독립된 두 계기의 일치를 나타내기 때문에 비로소 희극적인 것이다. 그 증거는 작가가 우리의 주의를 독립성과 일치라는 이중적 사실로 이끌기 위해 끊임없이 애쓰는 점이 틀림없다는 사실이다. 작가는 보통 일치하는 두 계기 사이를 분리시킬 듯한 거짓 위협을 계속해서 가함으로써 이러한 시도에 성공한다. 이럴 때마다 모든 게 무너질 듯하면서 다시 화해한다. 실은 이 유희가 서로 모순되는 두 주장 사이에서의 정신의 왕복보다 훨씬 더 우리의 웃음을 터뜨린다. 그리고 그것이 웃음을 일으키는 이유는 희극적 효과의 진정한 원천인바, 서로 독립적인 두 계기의 상호 간섭을 우리 눈에 확연히 보여 주기 때문인 것이다.

연극적 오해는 하나의 특수한 경우일 뿐이다. 그것은 계기 사이의 상호 간섭을 드러나게 하는 방법들 중의 (어쩌면 가장 인공적인) 하나로서, 이것이 유일한 것은 아니다. 동시적인 두 계기 대신에, 하나는 과거에 속하고, 다른 하나는 물론 현재적인 계기를 취할 수도 있다. 만일 두 계기가 우리의 상상력 속에서 중복되기에 이른다면, 거기에는 더 이상 엇갈린 의도는 없으나, 여전히 동일한 희극적 효과는 나타날 것이다. 시옹^{Chillon} 성[105]에 갇힌 보니바르^{Bonivard}[106]를 생각해 보자. 이것이 첫 번

---

105 레만 호숫가의 작은 바위섬 위에 지어진 성. 많은 관광객이 방문하는 명소.

106 프랑수아 보니바르(François Bonivard, 1493-1570)는 제네바 공국의 귀족이자 성

째 일련의 사실이다. 그리고는 스위스를 여행하다가 체포되어 투옥된 타르타랭[107]을 그려보자. 이것은 첫 번째와 독립된 두 번째 계기이다. 이제 타르타랭이 보니바르가 묶였던 바로 그 사슬에 채워져, 두 이야기가 한 순간에 일치하는 것처럼 해보자. 우리는 아주 재미있는 장면을 얻게 되는데 이것은 도데 Daudet의 상상력이 그려낸 가장 흥미로운 것 중의 하나이다. 영웅적이면서도 희극적인 유형의 많은 사건들이 분석을 해보면 이러한 요소를 드러낼 것이다. 옛것을 현대적인 것으로 옮겨놓는 것은 보통 희극적인데 두 계기 사이의 상호 간섭이라는 동일한 생각으로부터 영감을 받은 것이다.

라비슈는 이 수법을 온갖 형태 속에서 구사했다. 때로 그는 독립적인 계기들의 이야기를 구성하는 것으로 시작해서, 이것들을 서로 간섭하게 하는 데 재미를 느낀다. 그는 폐쇄적인 어떤 집단, 예컨대 혼인 잔치를 소재로 삼은 후, 이 집단을 어떤

직자로 프랑스의 사부아 공작에 지배받을 때 종교개혁과 독립을 주장하며 투쟁하다가 시옹 성의 지하 감옥에 6년간 투옥된다. 1816년 성을 방문했던 영국의 시인 바이런은 보니바르를 소재로 「시옹의 죄수」를 출판하였다.

107 알퐁스 도데의 3부작 소설의 주인공. 여기서는 황당한 모험가이자 허풍쟁이인 타르타랭이 알프스 등정에 나서는 「알프스 산의 타르타랭」(1885)에서 등장하는 내용에 빗대어 이야기한다.

우연적 일치가 일시적으로 끼어들게 되는 전혀 엉뚱한 환경에 빠트린다.[108] 때로 그는 작품을 통해 등장인물들이 하나의 동일한 체계 속에 있게 한다. 그러나 그들 중의 몇 사람이 비밀로 간직해야 할 어떤 것이 있고, 이것이 그들 사이를 서로 의기투합하지 않으면 안 되도록 해서, 결국은 연극의 본 코미디 안에서 조그만 코미디를 연기하게 한다. 매순간 이 두 코미디 중의 하나가 다른 하나를 망쳐 버릴 듯하다가 다시 일이 풀려, 두 계기 사이의 일치가 되찾아진다.[109] 마지막으로 그는 때로는 실제적인 계기 속에 완전히 공상적인 일련의 사건을 끼워 넣기도 한다. 예컨대 어떤 사람이 감추고 싶어 하는 과거가 있다. 그런데 이 과거가 현재 속에 끊임없이 불쑥불쑥 침입한다. 그리고 주인공은 그럴 때마다, 과거가 틀림없이 뒤흔들어 놓을 것 같았던 현재 상황과 과거를 조화시키기에 성공한다.[110] 그러나 이 모든 경우에 있어서 우리는 서로 독립된 두 계기와 부분적인 일치를 발견한다.

108　「이탈리아 밀짚모자」에 나오는 이야기.

109　예를 들어 「판돈」의 경우.

110　예를 들어 라비슈의 「루르신 가의 사건 L'Affaires de la rue de Lourcine」.

우리는 통속 희극의 수법들에 대한 분석을 더 멀리 밀고 나가지는 않을 것이다. 우리가 이들 속에서 일련의 계기의 상호 간섭을 발견하든 아니면 역전이나 반복을 보든 목적은 언제나 같은 것임을 알 수 있다. 그것은 우리가 삶의 기계화 mécanisation라고 불렀던 것이다. 어떤 행위나 관계의 한 체계를 택해, 있는 그대로의 상태로서 반복하거나 아래위로 방향을 뒤집거나 또는 부분적으로 일치하는 다른 세계에 통째로 이전시킨다고 하자. 이 모든 조작은 삶을, 가역可逆적인 결과와 상호 교환이 가능한 부품을 지니고 있는, 반복적 기계장치로 취급하는 것이다. 실제의 삶은 동일한 종류의 결과를 자연스럽게 산출하는 정도에 비례해서, 결국 삶이 제 스스로를 망각하는 정도에 따라 통속 희극이 된다. 왜냐하면 삶이 방심하지 않고 부단히 주의한다면 그것은 변화하는 연속성, 불가역적인 진보, 그리고 불가분적인 단일성의 모습을 띠기 때문이다. 그리고 바로 이런 이유로 인해서 사건에 있어서 희극적인 것이 사태의 방심une distraction des choses으로 정의될 수 있는 것처럼, 성격에 있어서 희극적인 것은 언제나 자아의 어떠한 근원적 방심 상태에서 비롯한다. 이 점은 이미 앞에서 예견되어진 것이며 뒤에서 자세히 다룰 것이다. 그러나 사건에 있어서의 이러한 방심은 예외적인 것이며 그 결과는 미미하다. 그리고 그것은 어떤 경우에 있어서나 고쳐질 수 없는 것이며 따라서 웃어봤자 아무 소용이 없다. 그러므로 만일 웃음이 즐거움이 아니라면 그리고 인류가 웃음을 낳게 하는 아주 하잘것없는 경우라도 놓치지 않고 포착하지 않았더라면, 이 방심을 과장하고 체계화하고 그것을 대상으로 예술을 창조하려는 생각은 떠오르지 않았을 것이다. 이것이 통속 희극에 대한 설명이다. 통속 희극이 실제적인 삶에 대해 갖는 관계는 실로 조정되는 꼭두각시가 걷고 있는 사람에 대해 갖는 관계와 같은 것으로, 이것은 사물이 지니고 있는 어떤 자연적인 경직성의 아주 인위적인 과장인 것이다. 통속 희극과 실제적인 삶을 잇는 끈은 아주 약하다. 그것은 모든 놀이가 그러하듯이 이전에 받아들여진 관습에 예속된 놀이 이상의 것이 아니다. 그러나 성격에 있어서 희극적인 것은 유난히 깊이 내린 뿌리의 생명 속에서 자란다. 이것은 특히 이 책의 마지막 부분에서 우리가 다룰 주제이다. 그러나 우리는 통속 희극에 있어서 희극적인 것과 여러 면에서 닮은 어떤 종류의 희극적인 것, 즉 말에 있어서 희극적인 것을 우선 분석해야만 한다.

Ⅱ. 말에 있어서 희극적인 것

말에 있어서 희극적인 것을 위해 특별한 범주를 설정하는데는 어쩌면 다소 인위적인 면이 있다. 왜냐하면 우리가 이제까지 고찰한 희극적 효과의 대부분이 이미 언어를 매개로 해서 생겼기 때문이다. 그러나 언어에 의해 단순히 표현되는 희극적인 것과 언어가 창조하는 희극적인 것은 분명히 구분해야만 한다. 첫 번째 것은 경우에 따라서는 다른 나라 말로 번역될 수 있다. 물론 이때 풍습과 문학 그리고 특히 관념의 연합에 있어서 상이한 새로운 사회로 이전됨으로써 그것이 지닌 두드러진 특징의 태반을 잃게 될 위험을 무릅써야 한다. 그러나 두 번째 것은 일반적으로 번역이 불가능하다. 여기서 희극적인 것은 바로 문장의 구조나 말의 선택에 있기 때문이다. 이것은 언어의 도움을 받아서 사람이나 사건의 어떤 특정한 방심을 확인하는 것이 아니라 언어 자체에 있어서의 방심을 강조한다. 이 경우에 희극적인 것이 되는 것은 언어 그 자체이다.

희극적 문구가 단독으로 생겨나지 않으며, 우리가 희극적인 말을 듣고 웃을 때, 동시에 그런 말을 하는 사람에 대해서도 웃을 수 있다는 것은 사실이다. 그러나 이 마지막 조건은 없어서는 안 되는 것은 아니다. 여기서 문장이나 말은 독립적인 희극적 효능을 지니고 있기 때문이다. 이러한 사실의 증거는, 때때로 우리는 누군가가 웃음에 관련되어 있다는 것을 막연하게는 느끼면서도 막상 누구에 대해서 웃는지 말하려고 할 때, 많은 경우 대답하기가 곤란하다는 사실이다.

더욱이 웃음에 관련된 문제가 되는 사람이 언제나 말하는 사람인 것은 아니다. 여기서 우리는 **재치**^{le spirituel}와 **희극적인 것**^{le comique}을 엄밀히 구분해야 할 듯하다. 어떤 말이 우리로 하여금 그 말을 하는 사람에 관해서 웃게 할 때 흔히 희극적이라고 하고, 제삼자나 우리 자신에 대해서 웃게 할 때는 재치 있다고 하는 듯하다. 그러나 대부분의 경우에 있어서, 어떤 말이 희극적인 것인지, 재기 발랄한 것인지 결정하기가 어렵다. 그것은 단순히 우스운 것이라고밖에 할 수 없으리라.

더 멀리 나아가기 전에 재치가 의미하는 것이 무엇인지 보다 세밀히 검토해 보아야 한다. 왜냐하면 재치 있는 말은 적어도 우리의 미소를 자아내므로, 만일 재치의 본성을 깊이 파헤치고 그 근본이념을 밝혀 내지 않는다면, 웃음에 관한 연구가 완전할 수 없기 때문이다. 그러나 두려운 것은, 이 아주 섬세한 본질이 분석의 빛 속에서 분해되어 버리는 성질을 지닌 것이 아닐까 하는 점이다.

우선 재치의 두 의미—즉 하나는 넓고, 다른 하나는 좁은—를 구분하도록 하자. 단어의 가장 넓은 의미에 있어서 사람들은 사고의 어떤 **극적인**dramatique 방식을 재치라고 부르는 듯하다. 재치 있는 사람은 그의 생각들을 단순한 상징으로 다루지 않고, 그것들을 응시하고 귀담아 들으며, 그리고 특히 마치 사람처럼 서로서로 대화하도록 한다. 그는 생각들을 무대에 등장시키고, 자기 스스로도 어느 정도는 무대에 오른다. 재치 있는 국민은 또한 연극에 열중하는 국민이다. 탁월한 독자에게는 언제나 배우의 소질이 있는 것과 같이 재치 있는 사람에게는 시인과 같은 어떤 것이 있다. 나는 의도적으로 이러한 비교를 한다. 왜냐하면 그렇게 함으로써 이 네 용어 사이의 비례적 관계가 쉽게 정해질 수 있기 때문이다. 독서를 잘하기 위해서는 배우가 지니고 있는 재간의 지적인 몫을 갖는 것으로 충분하다. 그러나 연기를 잘하기 위해서는 전 영혼과 전 인격을 쏟는 배우가 되어야 한다. 이와 똑같이 시적인 창조는 어느 정도의 자기 망각$^{\text{oubli de soi}}$을 요구한다. 그러나 재치 있는 사람은 일반적으로 이 점에서 철저하지 않다. 그가 말하고 행하는 것 배후에서 어느 정도 그의 존재를 드러내 보인다. 그는 거기에 오직 지성만을 투입하기 때문에 완전히 침잠하지 않는 것이다.

그러므로 모든 시인은 자기가 원할 때면 재치 있는 사람으로서의 모습을 드러낼 수 있을 것이다. 그러기 위해서 시인은 무엇인가를 얻어야 할 필요는 없다. 도리어 그는 어떤 것을 잃어버려야만 한다. 시인은 그의 생각들이 "아무 이유 없이, 단지 즐기기 위하여$^{\text{Pour rien, pour le plaisir}}$" 서로서로 대화하도록 내버려두면 될 것이다. 그는 그의 생각을 감정에, 그리고 그의 영혼을 삶과 접촉하게 하는 이중적인 끈을 느슨하게 풀어놓기만 하면된다. 요컨대 시인이 마음이 함께하지 않고 단지 지성만으로 시인이 되고자 한다면 재치 있는 사람으로 변화할 것이다.

그러나 재치가 일반적으로 사물을 **연극의 관점 아래에서**$^{\text{sub specie theatri}}$111 보는 데 있다고 해도, 그것은 보다 특별하게 연

---

111 스피노자의 『에티카』에 나오는 유명한 구절, "영원의 관점 아래에서$^{\text{sub specie}}$
^{aeternitatis}"를 변용한 표현.

극적 기교 중의 한 종류인 코미디로 향해질 수 있음을 알 수 있다. 이때 우리는 이 단어가 갖고 있는 보다 좁은 의미를 얻게 되며 이것이 웃음 이론의 관점에서 우리의 관심을 끄는 유일한 것이다. 이 경우에 있어서 **재치**는 슬쩍 스쳐 지나가면서 코미디의 장면을 소묘素描해 내는 재능을 일컫는데, 이 소묘가 너무나 정교하고 경쾌하게 그리고 잽싸게 이루어져서 우리가 그것을 이해하기 시작할 때면 모든 게 이미 끝나버리는 것이다.

이러한 장면에 등장하는 배우들은 누구인가? 재치 있는 사람은 누구와 상대하는가? 우선 재치 있는 사람이 같이 얘기를 나누는 사람들 자신인 경우가 있다. 이때는 재담이 그들 중의 한 사람에 대한 즉각적인 응수로서 나왔을 때이다. 때때로 그 자리에 없는 사람을 상대하는데 이 경우는 재치 있는 사람이, 그 사람이 말했고 거기에 대해 자기가 대답하는 것이라고 상정할 때이다. 그러나 보다 많은 경우에 있어서 재치 있는 사람은 모든 사람, 말하자면 상식과 상대한다. 이때 그는 일반적으로 유통되는 생각을 역설로 바꾸어 놓거나, 상투적 문구를 활용하거나 인용구나 속담을 풍자적으로 개작한다. 이런 조그만 장면들을 서로 비교해 보면, 그것들은 일반적으로 우리가 익히 알고 있는 코미디의 한 주제, 즉 "도둑맞은 도둑"에 대한 갖가지 변형임을 알 수 있다. 재치 있는 사람은 어떤 비유나 문구 또는 추론을 붙잡아 이런 말을 하거나, 할 법한 사람에게 역으로 작용하게 해서, 결국은 이 사람들이 그가 말하려고 원하지 않았던 것을 말한 것이 되거나 어느 정도는 그 스스로 말의 덫에 걸려들게끔 하는 것이다. 그러나 "도둑맞은 도둑"의 주제만이 유일하게 가능한 것은 아니다. 우리가 검토한 많은 종류의 희극적인 것들 중에서 재치 있는 말로 다듬어질 수 없는 것은 하나도 없다.

그러므로 재치 있는 말의 분석은 가능하다. 그리고 이제 우리는 소위 이 분석의 처방법을 다음과 같이 제시할 수 있다. 우선 재치 있는 말을 무대의 장면으로 확대한 후에, 이 장면이 속하는 희극적인 것들의 범주가 무엇인가를 찾아보자. 그러면 재치 있는 말을 보다 단순한 요소로 환원해서 완전한 설명을 얻을 수 있을 것이다.

이러한 방식을 고전주의 문학의 예에 적용해 보도록 하자. "나는 네 가슴이 아프다ʲ'ai mal à votre poitrine"라고 드 세비네[112] 부

---

112 Marie de Rabutin-Chantal Sévigné(1626~1696). 프랑스의 여류 서간문 작가. 그녀가 남긴 약 1,500통의 편지는 프랑스 서간 문학의 걸작으로 평가되고 있다.

인은 그의 아픈 딸에게 썼다. 이것은 물론 재치 있는 말이다. 만일 우리의 이론이 옳다면, 우리는 오직 이 말을 강조하고 그 것을 확대하여 어떻게 희극적인 장면으로 펼쳐지는가를 보기 만 하면 된다. 그런데 우리는 몰리에르의 「사랑이라는 의사」라 는 작품에서 바로 이 장면이 이미 만들어져서 등장하고 있음 을 발견한다. 가짜 의사 클리탕드르^{Clitandre}는 스가나렐^{Sganarelle} 의 딸을 진찰해 달라는 부름을 받는다. 그는 딸이 아닌 스가나 렐의 맥박을 한번 짚어 보고는 아버지와 딸 사이에 마땅히 있 어야 하는 공감에 근거해서 주저 없이 결론을 내린다. "당신의 딸이 위중하오!"[113] 여기서 우리는 재치가 희극적인 것으로 이 전한 것을 본다. 그러므로 우리의 분석을 완수하기 위해 해야 할 나머지 것은 부모를 진찰한 후 어린이에 대해서 진단을 하 려는 착상에 어떤 희극적인 요소가 들어 있는가를 찾는 것이 다. 그런데 희극적 상상력의 본질적인 형태들 중의 하나는 살 아 있는 사람을 일종의 관절이 있는 꼭두각시로 보이게 하는 것이며, 이러한 이미지를 형성하도록 하기 위해, 사람들은 마 치 보이지 않는 실에 의해, 서로서로 연결되어 있는 것처럼 보

---

[113] 「사랑이라는 의사」, 3막 5장.

이는 두서너 사람을 등장시켜 말하고 움직이게 한다는 사실을 우리는 안다. 딸과 아버지 사이에 존재하는 것으로 가정하는 공감을 구체화하도록 우리를 이끌면서 작가가 여기서 암시하는 것은 바로 이 관념이 아니겠는가?

우리는 이제 왜 재치의 문제를 다루는 작가들이 재치라고 불리는 용어가 나타내는 놀라울 정도의 복잡성을 지적하는 데 그치고 일반적으로 그것을 정의하는 데 성공할 수 없었던가를 납득하게 된다. 재치의 방식은 매우 다양해서 그것은 거의 재치 있지 않은 것들의 수만큼이나 되리라. 우선 재치와 희극적인 것 사이의 일반적인 관계를 결정하는 것부터 시작하지 않는다면, 그것들 사이의 공통점을 어떻게 감지할 수 있을 것인가? 그러나 일단 이 관계가 드러나면 모든 게 분명해진다. 희극적인 것과 재치 사이에서 우리는 무대에 오른 장면과 무대에 오를 장면에 대한 순간적인 지시 사이에 있는 것과 같은 관계를 발견한다. 희극적인 것이 취할 수 있는 형태만큼 재치는 그에 대응하는 변형들을 갖는다. 따라서 우선 정의해야 하는 것은 여러 형태에 있어서의 희극이며, 이를 위해서는 물론 희극적인 것의 한 형태에서 다른 형태로 우리를 인도하는 실마리를 (이 일이 이미 제법 어려운 일이지만) 찾아내야 한다. 바로 이러한 작업을 통해서 재치는 분석되어져서 기화氣化, volatilisé된 희극적인 것에 불과한 것으로 나타난다. 그러나 반대의 방법을 따라서 재치의 공식을 직접 찾으려다가는 영락없이 실패하게 된다. 만일 어느 화학자가 실험실에 어떤 실험 재료를 마음껏 쌓아 놓고는 대기 중에 있는 극소량의 상태로만 그 재료들을 추출해서 연구하겠다고 한다면 우리는 무엇이라고 말할 것인가?

그런데 재치와 희극적인 것의 이러한 비교는 동시에 말에 있어서의 희극을 연구하는 데 따라야 할 길을 제시해 준다. 한편으로는 희극적인 말과 재치 있는 말 사이에는 본질적인 차이가 없음을 알 수 있다. 그리고 다른 한편으로는 재치 있는 말은 비록 언어의 형태에 연결되어 있기는 하나 희극적 장면에 대한 흐릿한 또는 선명한 이미지를 연상시킨다. 이 말은 언어에 있어서의 희극은 행위나 상황에 있어서의 희극에 하나하나 대응함이 분명하며, 이렇게 표현하는 것이 가능하다면, 이것을 말의 차원에 투사한 것에 불과하다는 얘기가 된다. 따라서 행위와 상황에 있어서의 희극적인 것으로 되돌아가서 어떠한 기본 방식을 통해 그것을 얻게 되는가를 고찰해 보자. 그리고 이 방식을 말의 선택이나 문장의 구성에 응용해 보자. 이렇게 함으로써 우리는 말에 있어서 희극적인 것의 다양한 형식과 재치의 다양한 형태들을 얻을 수 있을 것이다.

1. 경직성이나 타성의 결과로, 하고 싶지 않은 말이나 행동을 무심결에 하는 것이 희극적인 것의 주된 원천의 하나임을 우리는 알고 있다. 바로 그렇기 때문에 방심은 본질적으로 우스꽝스러운 것이다. 우리가 몸짓이나 태도, 그리고 얼굴의 표정에 있어서까지도 경직된 것, 기성적인 것$^{de\ tout\ fait}$, 결국 기계적인 것을 보고 웃는 이유도 역시 마찬가지다. 이러한 종류의 경직성이 언어에서도 발견되는가? 물론이다. 왜냐하면 언어에는 상투적 표현과 틀에 박힌 문구가 있기 때문이다. 항상 이런 투로 말하는 사람은 어김없이 희극적일 것이다. 그러나 어떤 독립된 문구가 그 말을 한 사람으로부터 일단 분리되어 그 자체로서 희극적이기 위해서는 그것이 상투적인 문구라는 사실만으로는 부족하며 그 문구가 우리가 이내 자동적으로 말해진 것이라는 것을 깨닫게 되는 어떤 징표를 자신 안에 지니고 있어야 한다. 그리고 이것은 문구가 어떤 명백한 불합리나 금방 알아차릴 수 있는 오류나 특히 용어 사이의 모순을 포함하고 있을 때에만 가능하다. 이로써 우리는 이러한 일반 규칙을 끌

어낼 수 있으리라. **관용구의 틀에 부조리한 생각이 삽입되면 희극적인 말이 된다.**

"이 검劍은 내 생애의 가장 아름다운 날이다"라고 프뤼돔 Prudhomme[114]은 말했다. 이 말이 프랑스어로는 희극적임에도 불구하고 영어나 독일어로 옮겨 놓으면 단지 부조리한 것이 되어 버린다. 그 이유는 "내 생애의 가장 아름다운 날le plus beau jour de ma vie"은 우리 프랑스 사람의 귀에는 아주 익숙해진 관용적인 결구結句의 하나이기 때문이다. 그러므로 이 말을 희극적이게 하기 위해서는 이 말을 하는 사람의 자동주의automatisme를 분명히 드러내면 된다. 우리는 이 문구에 불합리를 주입함으로써 이러한 효과를 얻을 수 있다. 불합리성은 이런 경우 희극적인 것의 원천은 아니다. 그것은 희극적인 것을 우리에게 드러내 보이는 아주 간단하고 효과적인 하나의 방법일 뿐이다.

우리는 프뤼돔의 말 하나만을 인용했다. 그러나 그가 한 말이라고 추정되는 대부분의 표현은 동일한 부류에 속한다. 프

---

114 프랑스의 극작가이자 만화가인 모니에(Henri Monier, 1799~1877)의 작품 『프뤼돔 씨의 회상록Mémoires de Monsieur Joseph Prudhomme』의 주인공. 그의 성격은 속물적 부르주아의 전형으로 인용된다.

뤼돔은 관용구를 즐겨 쓰는 사람이다. 그리고 어느 나라의 말이든 관용구는 있게 마련이므로 프뤼돔의 말은 비록 좀처럼 번역할 수 없는 것이긴 하나 일반적으로 다른 언어로 옮겨질 수는 있다.

때때로 불합리가 슬그머니 끼어 있는 진부한 문구는 눈치채기가 좀 더 어렵다. "나는 식사 사이에는 일하고 싶지 않다"고 어느 게으름뱅이가 말했다. 만일 섭생에 관한 다음과 같은 유익한 격률이 없었다면, 이 말은 재미있지 않을 것이다. "식사 사이에는 아무것도 먹어서는 안 된다."

경우에 따라서는 효과가 복잡해질 때가 있다. 하나의 상투적인 문구 대신에 두서너 개가 결합되어 있기도 하다. 예를 들어 라비슈 작품 중의 어느 인물이 한 말을 들어 보자. "오직 신만이 자기 동족son semblable을 죽일 수 있는 권리를 갖고 있다."[115] 이 경우에는 우리에게 친숙한 두 표현을 이용한 듯하다: "인간의 삶을 주재하는 것은 신이다." 그리고 "사람이 자기 동족을 죽이는 것은 죄이다." 그런데 이 두 명제가, 우리의 귀를 속이게끔, 사람들이 반복하고 기계적으로 받아들이는 상투

---

115 「마르탱 상Le Prix Martin」, 2막 10장.

적 문구의 하나인 듯한 인상을 우리에게 주게끔 결합되어 있다. 그래서 말의 부조리함에 의해 갑자기 일깨워질 때까지 우리의 주의는 반쯤 잠들어 있는 상태에 빠져 있기 마련이다.

위의 몇 가지 예는 희극적인 것의 가장 중요한 형식 중의 하나가 언어의 차원에 어떻게 투사되고 단순화되는가를 이해하도록 하기에 충분하다. 이제 보다 덜 일반적인 형식으로 넘어가 보자.

2. "어떤 사람의 정신적인 것이 문제될 때, 우리의 주의가 그 사람의 신체성으로 향하게 되면 웃게 마련이다." 이것이 이 책의 첫 장에서 우리가 설정한 법칙이었다. 이것을 언어에 적용해 보자. 대부분의 말은 그것을 본래의 의미로 사용하느냐 아니면 비유적으로 사용하느냐에 따라 **물질적인 것과 관계되는**physique 의미와 **정신적**morale 의미를 갖는다고 말할 수 있다. 모든 말은 사실 어떤 구체적인 대상이나 물리적 작용을 지시하는 것으로부터 시작한다. 그러나 조금씩 조금씩 말의 의미는 추상적인 관계나 순수 관념으로 다듬어졌다. 그러므로 우리의 법칙이 이 경우에도 적용되려면 다음과 같이 말해질 수 있어야 한다. **우리가 어떤 말의 의미가 비유적으로 사용되었음**

에도 고유의 의미로 알아들은 양 가장할 때 희극적 효과를 끌어낼 수 있다. 또는 우리의 주의가 은유의 물질적 측면에 집중하게 될 때 표현된 생각은 희극적인 것이 된다.

"모든 예술은 형제이다"라는 문장에서 "형제"라는 말은 예술 사이에 있는 다소간의 깊은 유사성을 지적하기 위해 은유적으로 사용되었다. 그리고 이 말은 이런 방식으로 아주 흔히 사용되기 때문에, 우리는 이 말을 들으면서 유사성이 지니고 있는 구체적이고 물질적인 관계를 더 이상 생각하지 않는다. 그러나 만일 누가 "모든 예술은 사촌이다"라고 말했을 경우에는, 이 관계에 대해서 더 많이 생각하게 될 것이다. 왜냐하면 "사촌"이란 말은 비유적으로 사용되는 경우가 드물기 때문이다. 그런 이유로 말미암아 이 말은 이미 가벼운 희극적인 것의 뉘앙스를 풍긴다. 이제 끝까지 밀고 나가 보자. 즉 어떤 사람이 이러한 혈족관계가 결합해야 하는 용어들의 문법적 성性과 어울리지 않는 종류의 관계를 택해서 우리의 주의를 은유의 물질적 측면으로 강하게 이끈다면, 틀림없이 우스꽝스러운 효과를 얻게 된다. 역시 프뤼돔이 한 말로서 잘 알려진 표현으로 이런 것이 있다. "모든 예술은 자매이다."[116]

"그 친구는 되게 재치 있는 척한단 말이야[Il court après l'esprit]"[117] 이렇게 누군가가 부프레르[118]에게 어느 우쭐거리는 친구에 대해 말했다. 만일 부프레르가 "그는 재치를 따라잡진 못할걸[Il ne l'attrapera pas]" 하고 대답했다면, 이 말은 재치 있는 말의 단초를 보여주었을 것이다. 그러나 이 경우에 있어서 오직 단초가 있었을 뿐이었으리라. 왜냐하면 "따라잡다[attraper]"라는 말은 "달리다[courir]"란 말만큼 흔히 은유적으로 사용되어서, 우리로 하여금 한 사람이 다른 사람의 뒤를 바짝 뒤쫓으면서 뛰고 있는 두 경주자의 이미지를 강하게 구현하도록 하지 않기 때문이다. 말대꾸가 나에게 정말 재치 있는 것이 되기 위해서는, 운동 경기 용어에서 아주 구체적이고 생생한 표현을 빌어서 내가 정말 경주를 구경하고 있는 듯 믿게 해야 한다. 부프레르가 다음과 같이 대꾸했을 때가 바로 이런 것이다: "나는 재치에 내기를 걸지[Je parie pour l'esprit]." 재치는 흔히 상대방의 생각을 연장해

---

116   예술art은 남성 명사인 데 반해 자매soeur는 여성 명사임에 유의하자.

117   문자 그대로 번역하면 "그는 재치 뒤를 쫓아 뛴다"가 된다.

118   Stanislas Jean de Boufflers(1738~1815). 프랑스의 정치인이자 시인.

서 그가 자기 생각과 반대되는 것을 말한 결과가 되거나, 말하자면 제 객설의 덫에 스스로 빠지게 하는 데서 성립한다고 이미 말했다. 이 덫은 많은 경우에 있어서 은유나 비유로의 구체적 측면이 말한 사람에게 거꾸로 작용하게 될 때 성립한다고 덧붙여야 한다. 우리는 「위선자들Faux Bonshommes」[119]에 나오는 어머니와 아들의 다음과 같은 대화를 기억한다: "애야, 주식 거래는 아주 위험한 놀이란다. 하루는 벌고 그 다음날은 잃거든. ─그럼, 좋아요. 나는 이틀에 한 번씩만 할 거예요."[120] 그리고 같은 작품에서 두 금융업자가 하는 이런 교훈적인 대화가 있다. "우리가 하는 일이 정말 옳은 걸까? 왜냐하면 말일세, 결국 우리가 호주머니에서 돈을 우려내는 것은 이 불쌍한 주주들이거든.─아니 그러면 자넨 어디에서 돈을 우려내길 바라나?"[121]

상징이나 문장紋章을 그것들의 물질성의 의미 쪽으로 확산하면서 이 확산이 문장과 똑같은 상징적 의미를 갖고 있는 것처럼 우길 때도 우리는 마찬가지로 재미있는 효과를 얻을 수

---

119 프랑스의 극작가 바리에르(Théodore Barrière, 1823~1877)와 카팡뒤(E. Capendu, 1826~1868)의 공동 작품(1856).

120 「위선자들」, 2막 7장.

121 「위선자들」, 2막 4장.

있다. 어떤 아주 유쾌한 통속 희극에서는, 오직 하나의 훈장만을 받았음에도 많은 메달로 뒤덮인 제복을 입은 모나코의 관리가 등장해서 다음과 같이 말한다: "아시겠소, 그 메달을 룰렛^{roulette}놀이[122]의 어느 번호에 걸었더니 바로 그 번호가 맞아서 서른여섯 개를 타게 된 거요." 「철면피들^{Les Effrontés}」[123]에 나오는 지부아이에^{Giboyer}의 추론도 이와 유사한 것이 아니겠는가? 사람들은 웨딩드레스에 오렌지꽃[124]을 단 마흔 살 먹은 신부에 관해 입방아를 찧고 있다: "그녀도 오렌지꽃을 달 권리는 있는 거라구."[125] 지부아이에가 이렇게 대꾸한다.

그러나 우리가 정립한 여러 법칙을 일일이 들고 그것들이 언어의 차원에서 어떤 의미를 갖고 있는지 검증하려고 시도하다가는 끝이 없을 것이다. 따라서 앞장에서 제기된 세 가지 일반 법칙에 국한하는 것이 보다 바람직할 것이다. "일련의 사건"은 반복이나 역전 그리고 마지막으로 **상호 간섭**에 의해서 희극적인 것이 된다고 이미 밝혔다. 이제 일련의 말의 세계에서

---

122 원반에 구슬을 굴리는 도박의 일종.

123 프랑스의 극작가 오지에(Emile Augier, 1820~1889)의 작품.

124 순결의 상징으로 결혼식 날 신부가 다는 꽃.

125 「철면피들」, 4막 9장.

도 마찬가지인지 보기로 하자.

일련의 사건을 계속 새로운 양식이나 환경에서 되풀이하거나, 그 의미를 계속 보존하면서 역전시키거나, 또는 그것들이 지니고 있는 각각의 의미가 서로 중복되도록 섞으면, 틀림없이 희극적인 것이 된다고 우리는 말했다. 왜냐하면 그것은 생명을 기계적인 방식으로 취급되도록 하기 때문이다. 그런데 사고도 역시 살아 있는 것이다. 그리고 사고를 표현하는 언어 역시 사고와 마찬가지로 살아 있는 것이어야만 한다. 그러므로 어느 문구가 순서가 뒤바뀐 채로 여전히 뜻을 지니고 있거나, 완전히 독립적인 두 사고 체계를 일률적으로 표현하고 있거나 또는 마지막으로 우리가 어떤 생각을 그 고유의 내용에 속해 있지 않은 다른 양식으로 이전해서도 의미가 얻어질 때, 희극적인 것이 되리라는 것을 추측할 수 있다. 이것이 실제로 우리가 **명제의 희극적 변형**이라고 부를 수 있는 것의 3대 기본 법칙으로서, 이제 몇 가지 실례들을 통해 검토하기로 한다.

우선 이 세 가지 법칙은 희극적인 것의 이론에 있어서 결코 동일한 중요성을 갖고 있지 않다는 사실을 지적하자. **역전**은 셋 중에서 가장 덜 흥미로운 것이다. 그러나 그것은 쉽게 응용할 수 있는 것임에 틀림없다. 왜냐하면 직업적인 재담가는 어떤 말을 듣자마자 그 말을 뒤집어 놓으면서도, 예컨대 주어를 목적어 자리에, 목적어를 주어 자리에 갖다 놓아도 여전히 의미를 갖지 않을까 생각하는 것을 볼 수 있기 때문이다. 어느 정도 익살스러운 말투로 어떤 생각을 반박하는 데 이 방법이 드물지 않게 사용된다. 라비슈의 한 코미디에서 자기의 발코니를 더럽히는 위층의 세입자에게 한 친구가 소리친다: "당신은 왜 내 테라스로 파이프의 담뱃재를 터는 거요?" 이 말에 세 든 사람이 대꾸한다: "왜 당신은 테라스를 내 담뱃재 밑에 놓는 겁니까?"[126] 그러나 이러한 유형의 재치에 관해 중언부언할 필요는 없다. 우리는 이런 예들을 너무나도 쉽게 나열할 수 있으니까.

같은 문장에서의 두 사유 체계의 **상호 간섭**은 유쾌한 효과를 내는 무궁무진한 원천이다. 이 충돌을 일으키는, 즉 같은 문구에 서로 겹치는 독립된 두 의미를 부여하는 수법은 다양하다. 이러한 수법에서 제일 대단치 않은 것은 동음이의어로 하는 말장난calembour이다.[127] 동음이의어로 하는 말장난에서는

---

126 라비슈, 「첫 결혼의 후속편Les Suites d'un premier lit」, 8장.

127 우리말에서 "아버지가 방에 들어가신다"와 "아버지 가방에 들어가신다"는 이러한 동음이의어를 이용한 말장난이다. 프랑스어에서도 "Ecrire sans faute(틀린 데 없이 완벽하게 쓰다)"와 "Ecrire cent fautes(백 군데를 틀리게 쓰다)"는 발음이 같지

동일한 문장이 독립된 두 의미를 주는 것 같다. 그러나 이것은 오직 겉치레에 불과하고 실제로는 서로 다른 말로 된 상이한 두 문장이 있는 것이다. 다만 우리가 그것들이 같게 들린다는 사실을 이용하여 이 두 문장을 혼동하는 체하는 것이다. 이 동음이의어로 하는 말장난에서 우리는 서서히 진짜 말놀이로 나아간다. 여기서는 두 개의 사고 체계가 실제로 하나의 동일한 문장에 포함되어 있으며, 우리는 똑같은 단어들과 관계하고 있는 것이다. 우리는 다만 한 단어가 지닐 수 있는 의미의 다양성, 특히 고유의 의미에서 비유의 의미로 바뀌는 것을 이용한다. 그러므로 말놀이와, 시적 은유나 교훈적인 비유 사이에는 흔히 뉘앙스의 차이만이 있을 뿐이다. 교훈적인 비유나 인상적인 상징이 생명에 대응하는 두 형식으로 파악된, 언어와 자연 사이의 내적인 조화를 우리에게 현시해 주는 것이라면, 말놀이는, 잠시 자기 본연의 사명을 망각하고, 자기 스스로를 사물에 조화시키지 않고 사물을 자기에게 따르게 하려는 언어의 어떤 태만 같은 것을 생각하게 한다. 그러므로 말놀이는 언어에 있어서의 순간적인 **방심**을 드러내 보이는 것이며, 바로 그

만 정반대의 의미를 가진다.

점에서 재미있는 것이다.

역전과 **상호 간섭**은 요컨대 진정한 말놀이에까지는 이르지 못한 재치 놀이일 뿐이라고 말할 수 있다. **전환법**transposition에 의한 희극적인 것은 보다 심오하다. 실제로 전환법의 일상어에 대한 관계는 반복이 코미디에 대해 갖는 관계와 같은 것이다. 우리는 반복이 고전주의 코미디가 즐겨 사용하는 수법임을 이미 말했다. 그것은 새로운 상황에 처한 동일한 사람들 사이에서건 또는 똑같은 상황에 있는 새로운 사람들 사이에서건, 한 장면이 되풀이되도록 사건을 꾸미는 데 있다. 똑같은 방식으로 작가는 주인네들에 의해 이미 연출된 장면을 좀 품위가 떨어지는 언어를 가지고 하인들이 되풀이하도록 한다. 이제 적당한 어투로 표현되고, 그것의 자연스러운 분위기에 들어맞는 관념을 가정해 보자. 만일 이러한 관념들이 어떤 장치에 의해 그것들 사이의 관계를 계속 지니고 있으면서 전혀 새로운 환경에 이전된다고 상상해 본다면, 바꾸어 말하면 이 관념들을 전혀 다른 양식이나 어투로 표현하거나 이전시킨다면 언어는 코미디를 드러내고 희극적인 것이 된다. 게다가 동일한 관념의 두 가지 표현, 즉 전이된 표현과 자연스러운 표현을 우리에게 실제로 제시할 필요가 없다. 왜냐하면 우리가 본능적으로 찾는 것은 자연스러운 표현으로, 우리는 이것에 익숙해 있기 때문이다. 그러므로 희극적 창조의 노력이 목표로 하는 것은 전이된 표현이며 오직 이것만 제시하면 된다. 전이된 표현이 우리에게 제시되기만 하면 우리는 스스로 자연스러운 표현을 보충하기 때문이다. 따라서 다음과 같은 일반 규칙을 이끌어 낼 수 있으리라. **어떤 관념의 자연스러운 표현을 다른 어조로 바꾸어 놓으면 희극적인 효과를 얻게 된다.**

전환의 방식은 너무나도 다양하고, 말은 어조에 있어서 숱한 단계가 있어, 이 경우에 있어서 희극적인 것은 더없이 싱거운 익살에서부터 가장 고급스런 형태의 **유머**와 아이러니에 이르기까지 천차만별의 정도를 따라 발전하므로, 이것들을 일일이 모두 열거하는 일은 포기하기로 한다. 우리로서는 일단 규칙을 제시한 후, 그 기본적인 적용들을 이따금 한 번씩 검토하는 것으로 충분할 것이다.

무엇보다 먼저 극단적인 두 어조, 즉 장중한 어투와 격식을 차리지 않는 어투를 구분할 수 있을 것이다. 둘 중의 한 어투를 다른 어투로 단순히 바꿈으로써 우리는 가장 조악한 희극적 효과를 얻을 수 있다. 그리고 이로부터 희극적 상상력의 상반된 두 방향이 유래한다.

장중한 어투를 일상 어투로 바꾸면 패러디[parodie]가 된다. 이렇게 정의해 볼 때 패러디의 효과는 일상용어로 표현된 생각이 그것이 비록 습관에 의한 것이라 해도 다른 말투를 취했어야만 하는 경우에까지도 확대될 수 있다. 예를 들어 장 파울 리히터[128]가 인용한 해돋이에 대한 서술을 보자: "하늘은 마치 익어 가는 바닷가재처럼 검은색에서 붉은색으로 변하기 시작했다." 고대 희랍이나 로마 시대의 것을 현대 생활의 용어로 표현할 때도 고대적인 것을 둘러싸고 있는 시詩의 후광後光 때문에 마찬가지 효과를 가져온다는 것을 우리는 지적할 수 있다.

몇몇 철학자에게, 특히 알렉산더 베인[129]에게 희극적인 것 일반을 퇴락[dégradation]으로 정의할 생각을 불러일으킨 것은 의심의 여지없이 이 패러디에 있어서의 희극적 성격이다. 우스꽝스러운 것이란 "이전에는 존중받던 것이 보잘것없고 천박한 것으로 보일 때" 생긴다고 그들은 말한다. 그러나 우리의 분

---

128 Jean Paul Richter(1763~1825), 독일의 소설가. 대표작으로 『즐거운 마리아 부츠 교장 선생님의 삶Leben des vernügten Schulmeisterlein Maria Wuz in Aventhal』, 『헤스페루스Hesperus oder 45 Hundposttage』 등이 있다.

129 Alexandre Bain(1818~1903), 스코틀랜드의 철학자, 심리학자. 저서로 『감각과 지성The Senses and Intellect』, 『감정과 의지The Emotions and the the Will』 등이 있다.

석이 정확하다면 퇴락은 전환의 형태 중의 하나일 뿐이며 또한 이 전환 자체가 웃음을 일으키는 방식 중의 하나인 것이다. 다른 것들도 많이 있으며 그러므로 웃음의 원천은 보다 더 높은 곳에서 찾아야 한다. 게다가 멀리 나갈 필요도 없이 만일 장중한 것에서 저속한 것으로, 보다 좋은 것에서 더 나쁜 것으로의 전환이 희극적이라면, 그 역의 전환은 더욱 희극적일 수 있다는 것을 쉽게 알 수 있다. 우리는 이것을 다른 것[130]만큼이나 흔히 발견한다. 그리고 아마도 우리는 그것이 대상의 물리적 **크기**에 근거하는가 아니면 그것의 정신적 **가치**에 근거하는가에 따라 두 기본 형식을 구분할 수 있다.

작은 물건을 마치 큰 것처럼 말하는 것은 일반적으로 **과장**이다. 과장은 그것이 계속적으로 있거나 특히 체계적일 때 희극적이다. 그것은 너무나도 우리의 웃음을 사아내기 때문에 다른 사람들이 희극적인 것을 퇴락이라고 정의한 것과 같이 어떤 작가들은 과장으로 정의하기까지 했다. 그러나 실제에 있어서 과장은 퇴락과 마찬가지로 희극적인 것의 어떤 종류의 한 형태에 불과한 것이다. 그러나 그것은 이 종류에 있어서

---

130 바로 위에서 예를 든 퇴락에 의한 전환을 가리킨다.

아주 두드러진 형식이다. 그것은 장렬하면서도 희극적인$^{héroï-}$ comique 것을 노래하는 서사시를 탄생시켰다. 물론 이것은 조금 낡은 양식이긴 하나, 그 흔적을 조직적으로 과장하려고 드는 모든 사람들 속에서 여전히 발견된다. 허풍에 관해서 왕왕 그것이 우리를 웃기는 것은 그 영웅적이면서도 희극적인 측면 때문이라고 말할 수 있을 것이다.

사물들의 물리적 크기가 아니라 그 가치를 낮은 것에서 높은 것으로 전환하는 것은 보다 인위적인 것이기는 하지만 그만큼 보다 세련된 것이다. 부정직한 생각을 솔직하게 표현하거나 수치스러운 상황이나 천한 직업 또는 저열한 행위를 최소한의 존경할 만한 **훌륭함**^{respectability}을 지닌 어휘로 묘사하는 것은 일반적으로 희극적. 훌륭함이란 말을 우리는 여기서 의도적으로 영어로 썼다. 왜냐하면 이러한 일 자체가 영국적인 특성이기 때문이다. 우리는 디킨스[131]나 새커리[132] 그리고

---

131 Charles Dickens(1821~1870), 영국의 소설가. 대표작으로 『올리버 트위스트Oliver Twist』, 『데이비드 코퍼필드David Copperfield』, 『두 도시 이야기A Tale of Two Cities』 등이 있다.

132 William M. Thackeray(1811~1863), 영국의 작가. 『허영의 시장Vanity fair』, 『뉴컴 일가The Newcomes』 등의 작품이 있다. 찰스 디킨스와 함께 빅토리아 시대 영국의 대표적인 문필가로 손꼽힌다.

영국 문학 일반에서 이에 관한 수많은 예를 발견할 수 있다. 말이 난 김에 효과의 강도는 말의 길고 짧음에 달려 있지 않다는 사실을 지적하도록 하자. 어떤 말이 어떤 사회적 환경에서 수용된 전도의 체계를 우리에게 암시하고 어느 정도 부도덕함을 도덕적 구조체계로 만들어내는 것^{une organisation morale de l'immoralité}을 드러내 주기만 한다면, 때로는 말 한 마디로도 족한 법이다. 우리는 고골[133]의 한 희곡에서 고급 관리가 그의 아래 직원 한 사람에게 한, 다음과 같은 지적을 기억한다: "자네의 횡령은 자네 지위의 공무원으로서는 너무 지나쳐."

지금까지 한 이야기를 요약한다면, 비교의 두 극한적 말투로서 극대와 극소 그리고 최선과 최악이 있으며 전환은 이 사이에서 두 방향으로 이루어진다. 이제 그 간격이 좁아지면서 말투 사이의 대조는 점점 덜 거칠어지고 희극적 전환의 효과는 더욱더 미묘해진다.

이러한 대조에 있어서 가장 일반적인 것은 실재적인 것과 이상적인 것, 있는 것과 마땅히 있어야 할 것 사이에 있는 것이

---

133 Nikolai v. Gogol(1809~1952), 러시아의 작가. 『외투』, 『죽은 혼』, 『검찰관』 등의 작품이 있다.

다. 이런 경우에서도 마찬가지로 전환은 두 가지 반대 방향으로 이루어질 수 있다. 때로 우리는 마땅히 있어야 할 것을 말하면서 마치 그것이 바로 현재 있는 것으로 믿는 체하는데, 여기서 **비꼬기**^{ironie}가 성립한다. 때로는 이와 반대로 현재의 있는 상태를 아주 정밀하게 묘사하면서, 그것이 마땅히 그렇게 있어야만 하는 것인 양 가장하는 경우가 있는데, 흔히 **유머**^{humour}는 이렇게 정의해 볼 때, 비꼬기의 역^逆이다. 비꼬기와 유머는 모두 풍자^{satire}의 형식이지만 비꼬기가 그 본성상 웅변적인 반면에 유머는 보다 과학적인 요소를 지니고 있다.[134] 비꼬기는, 마땅히 있어야 하는 선^善의 이념을 따라 점점 더 높이 상승할수록 강조된다. 그렇기 때문에 비꼬기는 우리의 마음속에서 뜨겁게 달아올라 일종의 감동적인 웅변이 될 수도 있는 것이다. 이와는 달리 유머는, 우리가 냉혹한 무관심을 가지고 그 특성을 지적하기 위해 악의 내부로 보다 더 낮게 내려가면 갈수록 강조된다. 여러 작가들, 그중에서도 특히 장 파울은 유머는 구체적 표현 방식, 전문적인 세부 사항, 정확한 사실을 좋아한

---

[134] 이러한 구분은 졸거Solger, 쉴레겔Schlegel, 리히터Richter와 같은 독일 학자들의 연구와 관련되어 있다.

다고 지적했다. 만일 우리의 분석이 옳다면, 이것은 유머의 우연적인 특성이 아니라 바로 그 본질 자체이다. 유머 작가는 이런 경우 학자로 변장한 도덕가이며 어느 정도 우리에게 혐오감을 불러일으키기 위한 목적만을 가지고 해부를 하는 해부학자와도 같다고 할 수 있다. 그리고 유머는 우리가 지시하는 바의 제한된 의미에 있어서, 사실 도덕적인 것에서 과학적인 것으로의 전환인 것이다.

전환되는 표현방식의 간격을 더욱 좁힘으로써 우리는 희극적 전환의 더욱더 특수한 유형을 얻을 수 있을 것이다. 어떤 직업은 고유의 전문 용어가 있다. 일상생활의 관념을 전문 용어로 옮겨놓음으로써 우리는 얼마나 많은 우스꽝스러운 효과를 얻었던가! 사업상의 용어를 사회생활의 평범한 말로 연장하는 것도 마찬가지로 희극적이다. 예컨대 라비슈의 작품에 나오는 어느 주인공의 글 중에 그가 받은 초청장을 암시하는 이와 같은 문구가 있다: "전월前月 3일의 귀하의 호의Votre amicale du 3 de l'écoulé." 이 문장은 다음과 같은 상용商用 문구를 옮긴 것이다: "금월今月 3일의 귀하의 서한書翰, Votre honorée du 3 courant"[135].

---

135 라비슈, 「그걸 말해야만 하나Doit-on le dire」, 3막 5장.

더욱이 이러한 유의 희극적인 것은, 직업적 습관뿐만 아니라 성격적 결함을 드러내 줄 때 특유의 깊이를 얻을 수 있다. 우리는 『위선자들』이나 『브누아통 가족Famille Benoiton』[136] 의 장면들을 떠올릴 수 있는데, 앞에서 결혼은 마치 사업상의 일처럼 다루어지며, 뒤에서는 감정의 문제가 전적으로 상업적인 용어로 표현되는 것이다.

여기서 우리는 언어의 특수성이 다만 성격의 특수성을 나타내게 하는 데 불과한 지점에 도달한다. 그러나 이 점에 관한 보다 철저한 연구는 다음 장에서 하기로 한다. 우리가 마땅히 예상해야만 했던 것처럼, 그리고 앞에서 말한 것에 의해 알 수 있었듯이, 말에 있어서 희극적인 것은 상황에 있어서 희극적인 것을 바짝 뒤쫓는 것이며, 후자와 함께 결국에는 성격에 있어서 희극적인 것에 합쳐진다. 언어가 우스꽝스러운 효과에 이르는 것은 오직 그것이 인간의 산물로서 인간 정신의 여러 형태를 가능한 한 정확히 본뜨기 때문인 것이다. 우리는 언어에서 우리 자신의 삶과 함께 살아가는 어떤 것을 지니고 있음을 느낀다. 그래서 만일 이러한 언어의 삶이 완전무결하다면,

---

136 프랑스의 희극 작가 사르두(Victorien Sardou, 1831~1908)의 작품.

그 속에 굳어진 어떤 것도 없다면, 결국 여러 독립적인 유기체의 형태로 분열될 수 없이 언어가 통일된 하나의 유기체를 형성한다면, 이러한 언어의 삶은 희극성에서 벗어날 수 있으리라. 이것은 마치 아주 잔잔한 호수의 표면처럼 조화롭게 용해되어 하나를 이루는 삶을 영위하고 있는 영혼이 희극적인 것의 대상이 될 수 없는 것과 같은 것이다. 그러나 몇 잎의 고엽이 떠돌지 않는 연못이 없으며, 습관이 자리 잡아 한 영혼을 그 자신과 다른 사람에 대하여 경직시키지 않는 인간 영혼이 없는 것과 같이, 또한 **기성적인**^{tout fait} 것을 제거하고, 우리가 단순한 사물에 적용하는 역전이나 전환 등의 기계적 조작 등에 능히 저항할 수 있을 만큼 충분히 유연하고 생동적이며 그것의 각 부분에까지 전체가 빈틈이 없는 언어도 없는 법이다. 유연한 것, 끊임없이 변화하는 것, 생동적인 것에 반대되는 경직된 것, 기성적인 것, 기계적인 것 그리고 주의에 반대되는 방심, 요컨대 자유스러운 활동성에 대립되는 자동주의, 이것이 결국 웃음이 강조하고 교정하려고 하는 결점인 것이다. 희극적인 것의 분석을 시작하면서 우리는 이 이념이 우리의 출발을 밝혀 주길 원했었다. 우리는 우리들의 여정의 결정적인 모퉁이에서마다 이 이념이 비치고 있음을 보았다. 이제 이 이념의 도움을 받아 우리는 보다 중요한 탐구에 착수하려고 하며, 이것이 더욱 도움이 되길 희망한다. 결국 우리는 희극적 성격을 살펴보기를, 보다 정확히 말하면 성격에 있어서 희극적인 것의 본질적 조건들이 무엇인가를 결정해 보려고 한다. 그러면서 우리는 이러한 연구를 통해 예술의 진정한 본성과 함께 예술과 삶의 일반 관계를 이해할 수 있도록 힘쓸 것이다.

3장

성격에 있어서 희극적인 것

I. 성격에 있어서 희극적인 것

　우리는 희극적인 것을 그 우여곡절의 여러 경로를 따라 추적하면서 그것이 어떻게 형태나 태도, 몸짓, 상황, 행동 그리고 말 속에 스며드는가를 살펴보았다. 희극적 **성격**의 분석과 함께 우리는 이제 우리들 작업의 가장 중요한 부분에 이르렀다. 만일 우리가 우스꽝스러운 것을 몇 가지 인상적인— 결국에는 조잡한 — 실례를 통해서 정의하려는 유혹에 빠졌더라면, 이 부분은 또한 가장 어려운 부분이 되리라. 즉 우리가 희극적인 것이 나타나는 가장 높은 수준에 이르게 되면 여러 사실들이 그것을 고정시키려는 정의定義의 너무나도 성긴 그물 사이로 빠져나가는 것을 볼 수 있을 것이다. 그러나 실제에 있어서 우리는 반대의 방법을 취했다. 우리가 불빛을 인도한 방향은 높은 데서 낮은 데로였다. 웃음은 사회적인 의미와 중요성을 갖고 있으며, 희극적인 것은 무엇보다도 먼저 인물의 사회에 대한 어떤 특정한 부적응을 표현하며, 결국 인간을 떠나서는 희극적인 것이 있을 수 없다는 사실에 확신을 가지고, 우리가 우선 목표로 삼은 것은 인간과 그 성격이었던 것이다. 따라서 우리의 어려움은 도리어 성격이 아닌 다른 것에 대해서 우리가 어떻게 웃게 되는가, 어떠한 성질의 침투와 배합 또는 혼합의 섬세한 현상에 의해서 희극적인 것이 단순한 움직임, 개인의 감정이 표출되지 않은 상황, 독립된 문구 속에 스며들 수 있는가를 설명하는 일이었다. 이런 것들이 이제까지 우리가 해왔던 작업이었다. 우리는 순수 금속을 가지고 출발했으며 우리의 모든 노력은 오직 광석을 재구성하는 데 바쳐졌다. 그러나 이제 우리가 연구하려는 것은 이 금속 자체이다. 이번에는 단순한 요소를 다루기 때문에 이보다 더 쉬운 일은 없으리라. 이 단순한 요소를 가까이서 자세히 살펴보고 이것이 다른 것에 어떻게 반응하는가를 보기로 하자.

우리가 그것을 느끼자마자 마음이 움직여지는 감정 상태들, 즉 공감으로 맞이하게 되는 환희와 슬픔, 그것을 바라보는 사람들에게 고통스러운 놀라움과 공포와 연민을 불러일으키는 격정과 사악함, 한마디로 감정적인 반향을 통해 마음에서 마음으로 연장되는 여러 감정들이 있다고 이미 말했다. 이 모든 것은 생명의 본질에 관계하고 있으며, 진지하고 때로는 비극적이기조차 하다. 코미디는 다른 사람의 인격이 우리를 감동시키는 것을 그치는 바로 그 지점에서만이 시작될 수 있다. 그리고 그것은 **사회생활에 대한 경직성**이라고 불리어질 수 있는 것과 함께 시작한다. 다른 사람과의 원만한 교제에는 전혀 개의치 않고 자기 길을 자동적으로 좇는 사람은 희극적이다. 이러한 사람의 방심을 교정하고 꿈으로부터 그를 끌어 내기 위해서 웃음은 있는 것이다. 만일 커다란 일을 사소한 것에 비교하는 것이 허락된다면, 이 경우 명문학교에 입학할 때의 과정을 상기해 볼 수 있을 것이다. 수험생이 시험의 험난한 관문을 통과하고 나면 그에게는 치러야 할 다른 시련이 남아 있다. 즉 처음 들어오는 새로운 사회에 그를 적응시키기 위해, 소위 그들 말마따나 기를 꺾기 위해 선배들이 마련해 놓는 시련이 있는 것이다[137]. 커다란 사회 안의 모든 조그만 사회는 이렇게 일종의 막연한 본능에 의해 다른 곳에서 형성된, 그리고 이제

---

137 프랑스에는 그랑제콜Grandes Ecoles이라 불리는 전문 인력을 양성하기 위한 명문 학교가 있다. 대표적으로 고등사범학교, 국립행정학교, 폴리테크닉 등이 있다. 이런 학교에서는 전통적으로 '비쥐타쥬bizutage'라 불리는, 선배들이 신입생들을 골탕 먹이는 환영 의식이 있다. 베르그손도 고등사범학교에 입학했을 때 이 통과 의례를 경험했을 것이다.

고쳐야 할 습관의 완고함을 교정하고 부드럽게 하기 위한 방법을 자연스럽게 고안하고 있다. 우리의 일상적인 사회도 다른 방식으로 작용하는 것이 아니다. 사회 구성원 한 사람 한 사람은 그의 주위 상황에 늘 세심한 주의를 기울이고 환경에 알맞게 처신해야만 한다. 한마디로 말하면 마치 상아탑에 파묻혀 있듯이 그의 유별난 성격에 갇혀 있지 않도록 해야 하는 것이다. 그리고 사회는 이러한 목적을 위해 사회 구성원 각자에게 교정의 위협은 아니지만 적어도 비록 가벼운 것이라 해도 역시 두렵기는 마찬가지인 창피함을 예상하는 태도를 취하게 한다. 이러한 일이 웃음의 기능임에 틀림없다. 그 대상이 되는 사람에게는 언제나 조금은 모욕적인 웃음은 진실로 일종의 사회적인 골탕 먹이기인 셈이다.

희극적인 것의 불명확성은 여기에서 기인한다. 그것은 완전히 예술에도, 완전히 삶에도 속하는 것이 아니다. 한편으로는 우리가 마치 극장의 칸막이 좌석에 높이 앉아 밑에서 펼쳐지는 구경거리를 보듯이 실제적인 삶의 주인공들의 행동거지를 볼 수 없다면, 그들은 우리를 웃게 할 수는 없을 것이다. 그들은 일종의 코미디를 제공해 주기 때문에 우리 눈에 희극적인 것이다. 그러나 다른 한편으로는 연극théâtre에 있어서조차도 웃음에 의해 야기되는 즐거움은 순수한 즐거움, 즉 오로지 미적이면서 절대적으로 모든 이해관계를 초월한désintéressé 즐거움은 아니다. 웃음에는 우리 스스로가 갖고 있지 않을 경우에는 사회가 우리를 위해 가지고 있는 저의底意가 섞여 있는 것이다. 웃음에는 언제나 상대에게 창피를 주려는, 그럼으로써 그의 의지는 아니더라도 적어도 그의 행위만은 교정하려는 은밀한 의도가 들어 있다. 바로 이런 이유로 코미디는 드라마drame 보다는 실제적인 삶에 훨씬 가까이 있다. 드라마가 빼어날수록 작가가 비극적인 것을 순수한 상태로 끌어내기 위해 삶의 실재적 소재에 가한 분석적 재구성은 심오한 법이다. 이와는 달리 코미디가 실재와 분명한 대조를 이루는 것은 다만 그것의 저급한 형식들, 즉 통속 희극과 소극笑劇에서이다. 코미디의 수준이 올라갈수록 그것은 더욱 삶에 접근한다. 그래서 고급의 코미디와 너무나 유사해서 극이 말 한 마디 바꾸지 않고 채택할 수 있는 실재적인 삶의 모습이 사실 있는 것이다.

따라서 희극적 성격의 요인은 연극에 있어서나 삶에 있어서 동일한 것이라고 할 수 있다. 이러한 요소들은 무엇일까? 우리는 그것들을 이끌어 내는 데 아무런 어려움도 갖지 않으리라.

사람들은 흔히 다른 사람의 **가벼운** 결점이 우리를 웃게 하는 것이라고 말했다. 나는 이러한 의견에 상당한 진실이 있음을 인정하지만 완전히 옳은 것이라고는 믿지 않는다. 우선 결점의 문제에 있어서 가벼운 것과 심각한 것 사이의 한계를 긋기가 쉽지 않다. 어쩌면 어떤 결점이 가볍기 때문에 우리를 웃게 하는 것이 아니라, 우리를 웃게 하기 때문에 그 결점이 가벼운 것인지도 모른다. 그러나 더 나아가서 우리는 그것이 심각한 것임을 알면서도 웃는 결점이 있다고 주장할 수 있다. 예를 들면 아르파공의 인색함과 같은 것이다. 그리고 끝으로 ― 이 말을 하는 것이 내키지는 않지만 ― 우리는 다른 사람의 결점만을 보고 웃는 것이 아니라 때때로 장점까지도 보고 웃는다는 사실을 고백해야만 한다. 우리는 알세스트Alceste[138]를 보고 웃는다. 사람들은, 희극적인 것은 알세스트의 정직이 아니라 그 정직이 그에게 있어서 나타나는 특수한 모습, 요컨대 우리 눈에 정직을 보기 싫은 것으로 만드는 어떤 기벽奇癖이라고 반박할 것이다. 물론 이 의견에 나도 동의한다. 그러나 우리가

---

138   몰리에르의 희극 「인간혐오자Le Misanthrope」에 나오는 주인공으로 사회의 거짓과 위선, 천박함에 분개하는 정의파 인물이다.

웃는 알세스트의 이 기벽이 **그의 정직함을 우스꽝스러운 것으로 만든다**는 것 또한 사실이며, 이것이 중요한 점이다. 그래서 우리는 희극적인 것이 도덕적 의미에서 언제나 결점의 징표는 아니며 사람들이 그 속에서 어떤 결점, 그것도 가벼운 결점을 보기를 바란다면, 이 경우에 있어서 무엇이 가벼운 것과 심각한 것을 명확히 구분하는가를 지적해야만 한다고 결론지을 수 있다.

희극적 성격의 인물이, 엄밀히 말하자면 엄격한 도덕성에 부합할 수 있다는 것은 사실이다. 그에게는 사회에 대해 규범을 지키는 문제가 남아 있을 뿐이다. 알세스트의 성격은 나무랄 데 없는 정직한 성격이다. 그러나 그는 비사교적이며 바로 이 점에 있어서 희극적이다. 유연한 악덕은 완고한 덕보다 덜 웃음거리가 된다. 사회가 혐의를 두고 바라보는 것은 **경직성**이다. 그러므로 비록 이러한 경직성이 정직함이라 할지라도 알세스트의 경직성이 우리를 웃게 하는 것이다. 사회로부터 고립되는 사람은 누구든 웃음의 대상이 된다. 왜냐하면 희극적인 것은 주로 이 고립 자체에 의해 생겨나기 때문이다. 이 사실은 희극적 성격이 아주 흔히 한 사회의 풍습이나 관념, 한마디로 잘라 말한다면 편견과 관련이 있다는 점을 설명해 준다.

그렇지만 인류의 명예를 위해서, 사회적인 이상과 도덕적인 이상 사이에는 본질적인 차이가 없음을 인정해야만 한다. 그리하여 우리는 일반법칙으로서 우리를 웃게 하는 것은 물론 타인의 결점이라고 인정할 수 있을 것이다. 만일 이 결점이 우리를 웃게 하는 것은 그것이 지닌 **부도덕성**immoralité이 아니라 **비사회성**insociabilité이기 때문이라는 점을 덧붙인다면 말이다. 그러면 희극적인 것이 될 수 있는 결점은 어떤 것들이며, 어떠한 경우에 우리가 그것에 관해 웃기에는 그 결점이 너무나 중대한 것이라고 판단하는가를 알아보는 문제가 남게 된다.

그러나 이 문제에 관해서 우리는 이미 암암리에 대답했다. 희극적인 것은 순수 지성에 호소한다고 이미 말했다. 웃음은 감동과는 양립할 수 없는 것이다. 그것이 아무리 가벼운 것이라 할지라도 당신이 어떤 결점을 나에게 제시하면서 나의 공감이나 공포 또는 연민을 불러일으키게 한다면, 그것으로 모든 것은 끝난 것이다. 나는 그것에 관해 웃을 수가 없다. 이와는 반대로 노골적인 그리고 일반적으로 가증스럽기조차 한 악덕을 제시해 보라. 만일 당신이 무엇보다도 먼저 적절한 기교를 가지고 그것이 나의 감정을 건드리지 않게 하는 데 성공한다면, 그 악덕을 희극적인 것으로 만들 수 있다. 그렇다고 내가 악덕이 희극적이라고 말하는 것은 아니다. **악덕이 나를 동요시 켜서는 안 된다는 것**, 이것은 희극적인 것의 틀림없는 충분조 건은 아니라 하더라도 실제로 필수적인 유일한 조건이다.

그렇다면 희극 작가는 우리의 감정을 자극하지 않도록 하 기 위해서 어떠한 수단을 쓰는가? 어려운 문제가 아닐 수 없 다. 이 문제를 분명히 하기 위해서는 탐구의 제법 새로운 차 원으로 들어가 우리가 연극을 보면서 느끼는 인위적인 공감 을 분석해서 상상적인 기쁨이나 고통을 어떤 경우에는 받아들 이고 어느 경우에는 공감하길 거부하는가를 결정해야만 한다. 한편으로는 마치 최면술에 걸린 사람에 있어서처럼, 우리의 감수성을 진정시켜서, 그로부터 몽상을 유도하는 기교가 있는 가 하면 다른 한편으로는 우리의 공감이 일어나려는 순간에 그런 생각을 꺾어서 심각하기조차 한 상황도 도무지 심각하게 받아들여지지 않게 하는 기교가 또한 있다. 두 번째 기교는 크 게 두 가지 방식에 의해 이루어지고 있는 듯하며 희극 작가는 이 방법들을 다소 무의식적으로 적용한다. 첫 번째 방법은 주 인공의 심정에서 그에게 부여한 어떤 감정을 **분리시켜**, 말하자 면 독립적인 존재성을 지니고 있는 기생적 상태로 만드는 데 있다. 일반적으로 강렬한 감정은 심정의 다른 상태들을 계속

잠식해 들어가, 그것들을 자기의 고유한 색감으로 채색한다. 따라서 만일 우리가 이렇게 점진적으로 배어들어가는 것을 목격하게 되면, 우리도 조금씩 조금씩 이에 상응하는 감정에 스스로 젖어들게 된다. 다른 이미지를 사용한다면, 감정은 모든 배음倍音이 기초음과 함께 주어질 때 극적인 것이 되고 쉽사리 전파된다고 말할 수 있을 것이다. 관객이 감동을 느낄 수 있는 것은 배우가 전적으로 어떤 감정에 의해 떨리기 때문인 것이다. 이와는 반대로 우리를 냉담하게 남겨두어서 희극적이 되는 감정 속에는 그것이 자리 잡고 있는 나머지의 감정과 다른 관계를 맺지 못하게 하는 **경직성**이 있는 것이다. 이러한 경직성은 꼭두각시와 같은 움직임으로 일정한 순간이 오면 명백히 드러나고 그때 웃음을 불러일으킬 수 있다. 그러나 웃음 이전에 이 경직성은 우리의 공감을 제지시켰던 것이다. 어떻게 우리가 자기 자신과도 화합하지 못하는 마음 상태와 보조를 함께할 수 있겠는가? 「수전노」에는 거의 극적이라고 할 수 있는 장면이 있다. 그것은 돈을 빌리려는 사람과 고리 대금업자가 아직 서로 만나지 못했다가, 서로 마주치고는 아들과 아버지 사이임을 발견하는 장면이다. 만일 탐욕과 부정父情이 아르파공의 심정에서 서로 부딪치면서 어느 정도 참신한 결합을 이루었다면, 이 경우 진정한 드라마가 이루어졌을 것이다. 그러나 사실은 전혀 그렇지 않았다. 대면이 끝나기가 무섭게 아버지는 모든 걸 잊어버렸다. 다시 자기 아들을 만났을 때 그는 이 중대했던 장면에 대해 겨우 한 마디 귀띔할 뿐이다. "너 이녀석, 난 그래도 지난 일을 너그럽게 용서해 주는 거야."[139] 이렇게 탐욕은 다른 감정에 영향을 주거나 영향을 받지도 않고 다른 사람의 곁을 **건성으로** 지나쳐 버렸다. 탐욕이 마음속에 자리를 잡고 집주인이 되어 봐야 여전히 이방인으로 남는다. 비극적인 성격의 탐욕은 이와는 판이하게 다를 것이다. 우리는 이것이 인간의 다양한 에너지를 변형시키면서 자기편으로 끌어당기고 흡수해서 동화시키는 것을 발견한다. 감정과 애착, 욕망과 혐오, 악덕과 미덕 등 이 모든 것은, 탐욕이 새로운 형태의 생명력을 불어넣는 소재가 될 것이다. 이것이 고급의 코미디와 드라마 사이의 본질적인 첫 번째 차이인 듯하다.[140]

두 번째 차이는 보다 눈에 띄는 것이긴 하나, 실은 첫 번째 것으로부터 파생된 것이다. 한 영혼의 상태를 극적이게 하거

---

139 몰리에르, 「수전노」, 2막 2장.
140 코미디와 드라마에 관해서는 1장의 각주 8과 9를 참조.

나 또는 단순히 우리로 하여금 진지하게 받아들이게 하려는 의도에서 묘사할 때, 사람들은 그것의 정확한 척도를 제공하는 **행위**에로 조금씩 묘사를 집중해 간다. 그래서 수전노는 그저 돈을 긁어모으는 데 모든 궁리를 하고 사이비 독신자篤信者는 하늘나라에만 눈이 팔려 있는 듯하면서도 실은 가장 능숙하게 세속적인 일들을 처리해 간다. 코미디는 물론 이러한 종류의 배합을 배제하지는 않는다. 그 증거로서 타르튀프의 흉계를 드는 것으로 충분하다. 그러나 이것은 코미디가 드라마와 공통성을 갖는 측면이다. 우리가 진지한 행위를 진지하게 받아들이지 않게 하기 위해서는 결국 우리로 하여금 웃음을 터뜨리게 하기 위해서 코미디는 다음과 같이 공식화할 수 있는 방법을 사용한다. **코미디는 우리의 관심을 행위**actes**로 집중시키기보다는 차라리 거동**gestes**으로 향하게 한다.** 여기서 거동의 의미는 그것을 통해 영혼의 상태가 아무런 목적이나 소득이 없이 그저 일종의 내적인 근질거림의 결과로서만으로 표현되는 일체의 태도나 움직임 또는 말까지도 포함한다. 이렇게 정의된 거동은 행동action과 엄밀히 구분된다. 행동은 고의적인 것으로 어쨌든 의식적인 것이다. 거동은 의식을 벗어나 이루어지고 자동적이다. 행동에 있어서는 인격 전체가 개입하나,

거동에 있어서는 인격의 고립된 부분이 자기도 모르는 사이에 또는 적어도 인격 전체로부터 유리되어서 표현된다. 마지막으로 (이것이 본질적인 요점인데) 행동은 그것을 고취하는 감정에 정확하게 비례한다. 이들 사이에는 점진적 이행이 있어서, 그결과 우리의 공감이나 혐오감은 감정에서 행위로 나아가는 선을 따라 자연스럽게 흘러가고, 그럼으로써 점점 그 강도가 더해 간다. 그러나 거동은 폭발적인 어떤 것을 지니고 있어서, 우리의 감수성이 조용히 가라앉혀져서 달래질라치면 일깨우고 그럼으로써 우리를 우리 자신에게로 되돌아오게 함으로써 관객이 사건을 진지하게 받아들이지 못하게 한다. 이렇게 해서 우리의 주의가 행위가 아니라 거동으로 향하게 되면, 우리는 코미디를 대하게 된다. 타르튀프[141]는 그의 행위의 차원에서는 연극에 속하게 될 것이다. 우리가 그의 희극성을 발견하게 되는 것은 그의 거동을 고려할 때이다. 그가 무대에 등장하는 장면을 상기해 보자. 그의 첫 마디는 "로랑Laurent, (고행용) 채찍으로 내 (고행용) 셔츠를 꽉 조여주게."[142] 그는 도린느Dorine가

---

141 몰리에르의 희극 「타르튀프」의 주인공.
142 몰리에르, 「타르튀프」, 3막 2장. 로랑은 타르튀프의 하인. 채찍discipline의 원래 뜻

자기 말을 듣고 있음을 안다.[143] 그러나 만일 그녀가 거기 없었더라도 같은 말을 했을 것임을 우리는 확신할 수 있다. 그는 위선자의 역을 아주 잘 시작해서 그것을, 말하자면 진지하게 연기하는 것이다. 그렇게 함으로써 그리고 그렇게 함으로써만이 그는 희극적일 수 있다. 이러한 실질적인 진실성이 없는, 그의 위선자로서의 오랜 경력이 자연스러운 몸짓으로 바꾸어 놓은 태도나 말씨가 없다면, 타르튀프는 그저 가증스러울 것이다. 왜냐하면 우리는 이 경우 그의 처신에서 고의적인 것만을 생각할 것이기 때문이다. 그러므로 우리는, 행동은 드라마 속에서는 본질적이지만 코미디에서는 부수적인 것임을 이해할 수 있다. 코미디에서는 어떤 인물을 등장시키기 위해 다른 상황이라도 선택되어질 수 있었음을 느낀다. 다른 상황에 있어서도 그는 똑같은 사람이었을 것이다. 우리는 이런 느낌을 드라마에서는 가질 수 없다. 여기서는 인물과 상황이 함께 용접되어, 아니 차라리 사건이 인물의 필수적인 일부분을 이루고 있

은 "학과", "규율", "규범"이지만 여기서는 기독교에서 속죄와 참회를 위한, 고행자 용으로 만들어진 "채찍"을 의미한다. 셔츠haire는 말총이나 거친 염소 털 등을 섞 어서 만든 고행자용 속 셔츠를 의미한다.
143 도린느는 가짜 독신자인 타르튀프에 맞서는 하녀.

다. 그 결과 드라마가 우리에게 다른 이야기를 한다면, 배우가
아무리 같은 이름을 가졌다 해도 우리는 실제에 있어서 다른
인물을 대하는 것이 될 것이다.

요약한다면, 어떤 성격이 선하냐 악하냐 하는 것은 중요
하지 않음을 우리는 보았다. 그러나 만일 성격이 비사회적이
라면 희극적일 수 있다. 이제 우리는 상황의 경중輕重도 또한
문제가 되지 않는다는 것을 안다. 심각하건 사소한 것이건 간
에 우리가 그것에 감동받지 않도록 되어 있는 한, 우리는 웃음
을 터뜨리게 된다. 인물의 **비사회성**insociabilité과 관객의 **무감각**
insensibilité이 결국 두 가지 본질적 조건이 된다. 이들 두 가지에
내포되어 있으며 이제까지의 우리의 모든 분석이 이끌어 내고
자 목표로 삼은 세 번째 조건이 있다.

그것은 자동주의이다. 우리는 이것을 이 책의 시작에서부
터 지적했으며 이 점에 끊임없이 주의를 환기했다. 자동적으
로 이루어진 것은 그 본질에 있어서 희극적이다. 어떤 결점이
나 또는 장점에 있어서까지도 희극적인 것은 한 인물이 자기
도 모르게 자신을 드러내게 되는 것, 즉 비의지적 동작이나 무
의식적인 말이다. 모든 방심은 희극적이다. 그리고 방심이 지
나칠수록 희극적 효과는 더욱 크다. 돈키호테의 경우처럼 체

계적인 방심은 상상할 수 있는 가장 희극적인 것이다. 그것은 희극의 원천으로부터 가장 가까이서 길어 올린 희극 자체이다. 전혀 다른 희극적 인물의 경우를 들어 보자. 그가 하는 말이나 행위가 아무리 의식적일 수 있다 해도, 만일 그것이 희극적이라면 그가 모르는 자신의 한 측면, 그가 간과하고 있는 구석이 있기 때문인 것이다. 그리고 바로 이 점에 의해서 그는 우리의 웃음을 자아낼 수 있다. 포복절도할 정도로 희극적인 말은 어떤 악이 적나라하게 드러나는 천진난만한 말이다. 만일 그가 제 자신을 있는 그대로 직시하고 판별할 수 있다면, 어떻게 그렇게 자신을 드러낼 수 있겠는가? 희극적 인물은 어떤 행위를 일반적인 말로 비난하고 바로 그 뒤에 스스로 그런 행동의 실례를 보이는 경우가 드물지 않다. 예를 들면, 주르뎅 씨[144]의 철학 선생은 분노에 대해 일장의 설교를 늘어놓은 다음 스스로 화를 내고[145] 바디위스^{Vadius}[146]가 시를 읽는 사람들을 빈정대고는

---

144 몰리에르의 「부르주아 귀족Le Bourgeois gentilhomme」에 나오는 주인공. 벼락부
자가 된 그는 사교계에 진출하기 위해 음악, 춤, 철학 등의 수업을 받는다.

145 몰리에르, 「부르주아 귀족」, 2막 3장.

146 몰리에르의 「학식을 뽐내는 여인들Les Femmes savantes」에 나오는 인물.

제 호주머니에서 시를 꺼내는 식이다.[147] 이러한 모순이 우리에게 당사자의 무의식을 명확히 지시해 주는 것이 아니라면, 다른 무슨 목적을 지니고 있을 수 있겠는가? 자기 스스로에 대한, 그래서 결국은 타인에 대한 부주의가 우리들이 늘 발견하는 요인이다. 그리고 이 문제를 좀 더 가까이서 검토해 보면, 우리는 이 경우에 있어서 부주의가 비사회성이라고 부르는 것과 정확히 연결되는 것임을 알 수 있다. 경직성의 주된 원인은 사람이 자기 주위 특히 제 자신의 마음속을 주시하기를 게을리하기 때문이다. 사람이 타인과 제 자신에 대한 인식을 기초로 하지 않고 어떻게 다른 인격에 맞추어 제 인격을 형성할 수 있겠는가? 경직성, 자동주의, 방심, 비사회성 등 이 모든 것은 서로 결합되어 있으며, 바로 이 모든 것으로부터 성격에 있어서 희극적인 것이 형성된다.

요약해서 말한다면, 성격에 있어서 감수성의 대상이 되어 우리를 감동시키는 몫을 한쪽에 제쳐둔다면, 그 나머지는 희극적인 것이 될 수 있으며 그 정도는 거기에 나타나는 경직성에 정비례한다. 우리는 책의 서두에서부터 이러한 생각을 표

147　몰리에르, 「학식을 뽐내는 여인들」, 3막 3장.

명했으며 여러 중요한 결론들을 통해 입증했다. 그리고 조금 전에 이것을 코미디를 정의하는 데 적용한 바 있다. 이제 우리는 이 이념을 보다 더 자세히 분석하여 이것이 어떻게 우리로 하여금 다른 예술 사이에서 코미디가 갖는 정확한 위치를 확정하게 하는가를 제시해야만 한다.

만일, 성격이란 말이 우리의 인격에 있어서 **기성**^{旣成}**적인** 것, 우리 내부에 있는, 마치 시계태엽처럼 일단 감긴 후에 자동적으로 작동하는 기계적 요인을 의미한다면, 어떤 의미에서 우리는 모든 **성격**은 희극적이라고 말할 수 있다. 이것은 말하자면 우리 스스로를 되풀이하게 하는 것이다. 그리고 이것은 또한 바로 그런 이유로 다른 사람들이 우리를 따라서 반복할 수 있게 하는 요인이다. 희극적 인물은 따라서 하나의 **전형**^{type}이다. 반대로 한 전형에 대한 모든 유사성은 희극적인 어떤 요소를 지니고 있다. 우리는 한 인간에게서 우스꽝스러운 어떤 것도 발견하지 못하고, 오랫동안 자주 만날 수 있다. 그러다가 우연한 기회에 그를 연극이나 소설의 주인공의 잘 알려진 이름과 연결시킬 수 있게 되면, 적어도 한 순간만이라도 그는 우리 눈에 우스꽝스럽게 보인다. 이 소설의 주인공이 희극적이 아닐 수 있으나, 그와 닮는다는 것은 희극적인 것이 된다. 자기 스스로로부터 일탈하도록 자신을 내맡기는 것은, 말하자면 기존의 틀에 삽입되는 것은 희극적이다. 그러나 그중에서도 특히 희극적인 것은 제 자신이, 다른 사람이 흔히 삽입될 수 있는 틀이 되는 것, 스스로 하나의 굳은 성격으로 응고되는 것이다.

성격들, 다시 말하면 일반적 전형을 묘사하는 것은 고급 코미디의 목표이다. 이것은 여러 번 언급된 사실이다. 그러나 우리는 이것을 되풀이해서 말하고자 한다. 왜냐하면 이 형식이 코미디를 정의하는 데는 충분하다고 판단하기 때문이다. 사실 코미디는 우리에게 일반적 전형을 제시해 줄 뿐만 아니라 또한 모든 예술 중에서 일반적인 것을 지향하는 **유일한 것**이라는 것이 우리들의 견해인 것이다. 따라서 일단 코미디에 이 목적을 부여하고 나면, 코미디가 무엇이며 다른 예술이 그것일 수 없는 바의 것이 무엇인가를 말한 셈이 된다. 이것이 바로 코미디의 본질이며 바로 그런 이유로 코미디가 비극이나 연극 또는 예술의 다른 형식들과 대조된다는 것을 증명하기 위해서는, 예술을 그 고급의 형태에 있어서 정의하는 것으로부터 착수해야 한다. 그런 연후에 조금씩 조금씩 희극 시가詩歌로 내려옴으로써 그것이 예술과 삶의 접경에 위치하며 그 대상의 일반성에 의해 다른 예술들과 대조된다는 사실을 깨달을 수 있을 것이다. 여기서 우리는 이처럼 방대한 연구에 뛰어들 수는 없다. 그러나 희극적 연극에 있어서의 본질적인 것을 빠뜨리지 않기 위해서 그 중요한 윤곽만을 제시해야 할 필요가 있다.

예술의 대상은 무엇인가?[148] 만일 실재가 우리의 감각과 의식에 직접 와닿는다면, 만일 우리가 사물이나 우리 자신과 직접적인 교통을 할 수 있다면, 아마도 예술은 무용한 것이 되리라고, 아니 차라리 우리 모두가 예술가가 되리라고 나는 진정 믿는다. 왜냐하면 그럴 경우 우리의 영혼은 끊임없이 자연과 일치하여 감동할 것이기 때문이다. 우리의 눈은 기억의 도움을 받아 모방할 수 없는 그림들을 공간 속에서 도려내고 시간 속에서 고정할 것이다. 우리의 시선은 고대 조각만큼이나 아름다운 조상影像의 단편이 우리 인체의 살아 있는 대리석에 조각되어 있음을 한눈에 포착할 것이다. 우리는 우리 영혼의 깊은 곳에서 때로는 즐거운, 보다 흔히는 애조를 띤, 그러나 언제나 독창적인 음악처럼 흘러나오는, 내적 삶의 연속적인 멜

---

148 베르그손은 그의 저서 여러 곳에서 예술과 관련된 언급을 하고 있다. 아래의 내용은 베르그손의 예술론을 살펴볼 수 있는 대표적인 글이다.

로디[149]를 들을 수 있을 것이다. 이 모든 것이 우리 주위에, 우
리 내부에 실재한다. 그러나 우리는 그 어느 것도 명료하게 지
각할 수 없는 것이다. 자연과 우리 사이에는, 아니 우리와 우
리 본래의 의식 사이에는 장막이 드리워져 있는데, 보통 사람
에게는 두꺼운 장막이, 예술가나 시인에게는 거의 투명한 엷
은 장막이 사이에 놓여 있다. 어느 요정이 이 장막을 짰을까?
그것은 악의에 의해서인가 아니면 호의에 의해서인가? 우리
는 살아야만 하고 삶은 우리가 사물을 그것이 우리의 필요에
대해 갖는 관계 속에서 파악하기를 요구한다. 산다는 것은 행
동하는 데 있다. 산다는 것은 사물로부터 거기에 적절한 반작
용으로 대응하는 데 유용한[utile] 인상만을 받아들이는 것이다.
다른 인상들은 희미해지거나 우리에게 모호하게 지각되어야
만 한다. 나는 사물을 주의해서 보면서[regarder] 그저 보는 것으로
[voir] 믿고, 귀 기울여 들으면서[écouter] 그저 듣는 것[entendre]처럼 여
기며, 제 자신을 일정한 관심 속에서 검토하면서 마음의 심층
을 단순히 읽는다고 믿는다. 그러나 외부 세계에 대해서 내가

---

149 베르그손은 그의 철학의 핵심 개념인 '지속durée'을 표현하기 위해서 유사한 이
미지를 사용한다: "우리의 내적 삶의 연속적 멜로디가 있을 뿐이다." 『사유와 운
동』 (문예출판사, 1993), 180쪽.

보고 듣는 것은 나의 감각이 행위를 밝히기 위해 그로부터 추출해 낸 것에 불과한 것이다. 내가 내 스스로에 관해 아는 것이란 사실은 표면에 나타난 것, 나의 행위에 참여하는 것이다. 그러므로 나의 감각과 의식은 실재의 실용적인 단순화만을 제공할 뿐이다. 감각과 의식이 사물과 우리 자신에 관해서 알려 주는 시각 속에서 우리에게 무용한 차이들은 사상되고, 유용한 유사성은 강조되어서 나의 행위가 이루어질 길은 미리 그려진다. 이 길은 나에 앞서 전 인류가 지나온 길이다. 사물은 내가 그것으로부터 이끌어 낼 수 있는 효용의 관점에서 분류되어졌다. 그리고 내가 지각하는 것은 사물의 색이나 형태보다는 차라리 이 분류이다. 의심할 바 없이 인간은 이 점에 있어서도 동물보다 아주 우월하긴 하다. 늑대의 눈이 염소 새끼와 양을 구분할 수 있는 가능성은 아주 희박하다. 염소 새끼와 양은 늑대에게는 똑같이 잡기 쉽고, 탐식하기 좋은 동일한 먹이일 뿐이다. 우리는 염소와 양을 구분한다. 그러나 우리는 한 염소를 다른 염소와, 한 양을 다른 양으로부터 분간하는가? 사물이나 존재의 **개체성**individualité은 그것을 식별하는 것이 실질적으로 유용하지 않은 경우에는 언제나 우리에게서 빠져나간다. 그리고 (우리가 한 사람을 다른 사람과 분간하는 경우처럼) 우리가 개체성을 식별하는 경우에 있어서조차도 우리의 눈이 포착하는 것은 개체성 자체, 즉 형태와 색의 완전히 근본적인 조화가 아니라 실제적인 인지를 수월하게 해주는 한두 가지의 특징일 뿐이다.

요약해서 말한다면, 결국 우리는 사물 자체를 보는 것이 아니다. 대부분의 경우 우리는 사물에 부착되어 있는 분류 표시만을 읽는 것에 그친다. 필요에 의해 생겨난 이러한 경향은 언어의 경향으로 더욱 두드러진다. 왜냐하면 말이란 (고유명사를 제외하고는) 유^類를 지시하기 때문이다. 사물의 가장 보편적인 기능과 평범한 측면만을 지시하는 말은 사물과 우리 사이에 끼어든다.[150] 만약 이러한 사물의 형태가 단어 자체를 만들어낸 필요성의 이면에 이미 감춰져 있지 않았다면 우리의 눈을 가려 그 형태를 은폐시켰을 것이다. 그리고 비단 외적인 대상뿐만이 아니라, 우리의 고유한 상태가 지니고 있는 내적이고, 개성적이고, 독창적으로 체험된 것도 역시 우리의 시야에서 사라진다. 우리가 사랑이나 증오를 체험할 때, 환희나 비애를 느낄 때, 우리의 의식에 도달하는 것은 진정 이러한 느낌

---

150   일반관념의 문제에 대하여서는 베르그손의 『물질과 기억』(아카넷, 2005), 265-273쪽, 『사유와 운동』(문예출판사, 2005), 60-73쪽 참조.

을 전적으로 우리의 것으로 만드는 다양한 순간적 뉘앙스와 깊은 반향을 동반한 감정 자체일까? 만일 그렇다면 우리는 모두가 소설가나 시인, 음악가가 될 것이다. 그러나 대개의 경우 우리가 우리 자신의 영혼의 상태에 관해 지각하는 것은 그것의 외적인 나타남일 뿐이다. 우리는 감정의 비개성적 측면, 즉 언어가 단번에 불변적인 것으로 규정한 것만을 감지할 뿐이다. 왜냐하면 이 비개성적 측면은 동일한 여건에 있어서는 모든 사람에게 거의 똑같기 때문이다. 이렇게 우리들 자신의 개인에 있어서까지도 개체성은 우리에게 포착되지 않는다. 우리는, 마치 우리 군대가 다른 군대와 효과적으로 자웅을 겨루는 싸움터에서처럼, 일반성과 상징에 둘러싸여 움직인다. 행위에 정신이 팔리고, 우리들의 최고 유리함을 위해 행위가 선택한 영역으로 이끌려서, 우리는 사물과 우리 사이의 경계 지대에서 사물뿐만 아니라 우리 자신의 외부에서 사는 것이다. 그러나 때때로 자연은 일종의 방심에 의해 삶에 대해 보다 초연한 영혼을 불러일으킨다. 내가 여기서 말하는 초연함은 반성과 철학의 소산인, 의도적이고 추론에 근거한 체계적인 초연함détachement을 말하는 것이 아니다. 그것은 자연적이며 감각과 의식의 구조에 의해 타고난 초연함이다. 그리고 말하자면 사물을 보고, 듣고, 사유하는 순수한 방식에 의해 즉시 나타나는 초연함인 것이다. 만일 이 초탈이 완벽하다면, 만일 영혼이 그의 지각의 어느 것에 의해서도 행위에 집착하지 않는다면, 이 영혼은 세상 사람이 아직까지 본 적이 없는 예술가의 영혼이 될 것이다. 이 영혼은 모든 예술에 있어서 동시에 뛰어날 것이다. 아니 차라리 모든 예술을 하나의 예술 속에 용해할 것이다. 그는 물질계의 형태와 색과 음향은 물론 내적 삶의 가장 섬세한 운동에 이르기까지 모든 사물을 본원적인 순수성 속에서 지각할 것이다. 그러나 이것은 자연에게 지나친 요구를 하는 것이다. 자연이 예술가로 만든 우리들 중의 어느 누구에 있어서도 장막을 걷어 올린 것은 우연에 의해 그리고 오직 한 측면에서일 뿐이다. 자연이 지각을 실제적 필요성에 결합하기를 잊은 것은 오직 한 방향에서인 것이다. 그리고 이 각각의 방향은 우리가 **감각**^{sens}이라고 부르는 것에 대응하기 때문에 일반적으로 예술가가 예술에 운명지어진 것은 이 감각 중의 하나에 의해서 그리고 오직 하나의 감각에 의해서일 뿐이다. 이로부터 예술의 다양성이 최초로 기원한다. 그리고 또한 이로부터 소질의 특성이 비롯한다. 예술가는 색과 형태에 애착을 가질 것이다. 그는 색 그 자체를 위해서 색을, 형태 자체를 위해서 형태를 애호하기 때문에 그리고 자신을 위해서가 아니라 색과 형태를 위하여 지각하기 때문에, 그는 사물의 내적인 삶이 형태와 색을 통해서 투명하게 나타나는 것을 볼 것이다. 그는 이 사물의 삶을 처음에는 좌절한 우리의 지각에 조금씩 조금씩 심어 준다. 그는 적어도 한 순간만이라도 우리의 눈과 실재 사이에 끼어 있는 형태와 색에 관한 편견을 제거할 것이다. 그럼으로써 그는 예술의 최고의 열망을 실현할 것인바, 이 열망이란 자연을 우리에게 드러나게 하는 것이다. 다른 사람은 오히려 자기 스스로를 되돌아 볼 수도 있다. 감정을 외부로 나타내는 수많은 시발적^{始發}^的 행위^{action naissante}151 아래에서, 그리고 개인의 영혼의 상태를 표현함과 동시에 은폐하는 평범하고 사회적인 말의 배후에서, 이들은 감정과 영혼의 원상태를 단순하고 순수한 본질 속에서

---

151 베르그손은 우리의 지각이나 재인^{reconnaissance} 등은 대상에 대한 우리의 가능한 행위의 여러 유형을 내포하고 있는 것으로 본다. 지각은 나의 신체를 둘러싸고 있는 대상들에 대한 가능적 내지 잠재적 작용들을 반영한다. 지각의 기능은 일차적으로 순수 인식을 위한 것이 아니라 가능한 행동의 체계를 세우는 것이다. 예를 들어, 신체의 감각-운동 체계는 외적 대상에 대한 반응을 준비하는 운동이며, 이 것은 미리 결정되거나 완성된 운동이 아니라 생성되기 시작하는 운동이라는 의미에서 "시발적"이라 번역할 수 있다. 이 용어는 "태어나기 시작하는" 또는 "초발적^{初發的}" 행위로 번역하기도 한다. 베르그손, 『의식에 직접 주어진 것들에 관한 시론』(아카넷, 2001), 53-54쪽, 『물질과 기억』(아카넷, 2005), 48, 156-7쪽 참조.

찾고자 한다. 그리고 우리 자신에 대해서 우리들이 똑같은 노력을 하도록 이끌기 위해 그들은 자기들이 본 것과 같은 어떤 것을 우리들이 보도록 전력한다. 그들은 서로 조화하여 고유의 생명을 갖게 되는 낱말의 운율적 배열을 통해 언어가 본래적으로는 표현할 수 없는 것들을 우리에게 말하고자, 아니 차라리 암시하고자 한다. 또 다른 사람들은 보다 깊이 파고 내려갈 수 있다. 부득이한 경우에는 말로 표현될 수도 있는 이러한 기쁨과 슬픔 밑에서 그들은 더 이상 말과는 아무런 공통점도 갖고 있지 않은 어떤 것을 포착할 것이다. 그것은 인간의 가장 내면에 있는 감정보다도 더 내적인 생명과 호흡의 일정한 리듬이며, 우리의 의기소침과 열광 그리고 회한과 희망의 살아 있는 법칙으로서 사람마다 제각기 다른 것이다. 이 음악을 되찾아 강조함으로써 이들은 이에 대한 우리의 관심을 환기시킨다. 그들은 마치 지나가다 무도회에 끼어들어 함께 어울리는 행인처럼 우리들이 이 음악에 자기도 모르게 스스로 동화되도록 한다. 그리고 그렇게 함으로써 이들은 역시 우리 존재의 깊은 곳에서 울릴 순간만을 고대하고 있던 어떤 것을 진동시키도록 이끈다. 이처럼 그것이 회화, 조각, 시 또는 음악 등 무엇이든 간에, 예술은 우리로 하여금 실재 자체와 대면하게 하기 위하여, 실제적으로 유용한 상징, 인습적으로 그리고 사회적으로 통용된 일반성, 한마디로 우리에게 실재를 은폐시키는 모든 것을 제거하는 것 이외의 다른 목적을 갖고 있지 않다. 예술에 있어서의 사실주의réalisme와 이상주의idéalisme 사이의 논쟁이 생기는 것은 이 점에 대한 오해에서 비롯한다. 예술은 틀림없이 실재에 대한 보다 직접적인 투시일 뿐이다.[152] 그러나 지각의 이러한 순수성은 유용한 관습과의 결별, 감각이나 의식의 선천적인 그리고 전문화된 행위에의 무관심désintéressement, 한마디로 사람들이 늘 이상주의라고 부르는 바인, 삶에 대한 일정한 비물질주의적 경향immatérialité을 함축하고 있는 것이다. 그러므로 애매한 표현을 구사하지 않고 분명하게 표현하자면 사실주의는 예술 작품 속에 있고 이상주의는 영혼 속에 있으며, 우리가 실재와 다시 접촉하는 것은 오직 이러한 이상의 힘에 의

---

152 예술에 대한 베르그손의 이러한 입장은 그의 주요한 철학적 방법인 '직관 intuition'과 유사하다. 베르그손의 책 여러 곳에서 다양한 방식으로 표현되고 있지만, 직관은 근원적 실재인 지속의 '직접적 인식'으로 정의할 수 있을 것이다. 베르그손은 1903년에 발표한 「형이상학 입문」에서 자신의 철학적 방법으로서의 직관에 대하여 명확하게 설명하고 있다. 『사유와 운동』(문예출판사, 2005), 191-242쪽 참조. 그러나 『웃음』에 앞서 출판한 『물질과 기억』에서 이미 철학적 방법으로서의 직관에 대한 단초들을 발견할 수 있다.

한 것이라고 말할 수 있을 것이다.

극예술도 이 법칙에 예외적인 것은 아니다. 드라마가 추구하고 명백하게 보여 주고자 하는 것은 삶의 필연성에 의해 많은 경우 우리의 이해관계 속에서 우리에게 가리워져 있는 깊은 실재이다. 이 실재는 무엇인가? 그리고 이 필연성은 무엇인가? 시는 언제나 마음의 내적 상태를 표출한다. 이러한 상태들 가운데에는 특히 사람들과의 접촉에서 생기는 것들이 있다. 이런 것은 가장 강도 있고 또한 가장 격렬한 감정이다. 축전지의 양 극판에서 양전기와 음전기가 서로 끌어당기고, 또 전기가 축적되어 불꽃이 일어나기도 하는 것처럼, 사람들이 서로같이 있게 되면 당연히 강한 매력과 혐오가 일어나 마음의 평정 상태가 깨어지게 되는 법이다. 한마디로 열정이라고 하는 영혼의 충전 작용이 일어난다. 만일 사람들이 그의 자연적 감정의 충동에 스스로를 내맡긴다면, 만일 사회법규나 도덕법칙도 존재하지 않는다면, 이러한 격렬한 감정의 폭발은 삶의 통상적인 일이 되리라. 그러나 이러한 폭발은 제어되는 것이 유익하다. 우리는 사회 속에서 살고 따라서 일정한 법규를 준수해야만 한다. 그리고 이것은 이해관계가 조언하고, 이성이 명령하는 것이다. 사회에는 엄연히 의무가 있으며, 그것을 따르는 것이 우리의 운명인 것이다. 이러한 이중적인 영향에 의해 부동성을 지향하고, 적어도 모든 사람에게 공통적이기를 목표로 하는, 그리고 개인적인 열정의 내적 불꽃을 끌 만큼 충분한 힘을 갖지 못할 경우, 그것을 덮어씌우는 감정과 관념의 표층이 인간에게 형성되었음이 틀림없다. 마치 지구 위의 생명 자체가 용암처럼 끓어오르는 금속의 덩어리를 단단하고 차가운 막으로 덮는 기나긴 노력이었듯이, 점점 평화로운 사회적 삶을 향한 인류의 완만한 진보는 조금씩 조금씩 이 층을 굳혀 왔다. 그러나 화산의 폭발이 일어난다. 그리고 신화가 믿었듯이 지구가 하나의 생명체라면, 지구는 어쩌면 휴식을 취하고 있으면서 자기의 가장 내적인 상태를 순간에 회복하게 되는 급작스런 폭발의 기회를 꿈꿀 것이다. 드라마가 우리에게 제공하는 것은 바로 이러한 유의 즐거움이다. 사회와 이성이 우리를 위해 형성한 평온하고 부르주아적인 삶 아래에서, 그것은 우리의 내면에서 요행히도 폭발하지 않은, 그러나 그 내적인 긴장이 느껴지는 어떤 것을 일깨워 움직이게 한다. 드라마는 자연에게 사회에 설욕할 기회를 제공하는 것이다. 그것은 때로는 큰 변동을 일으키는 열정을 심층에서 표층으로 끌어냄으로써 이러한 목표로 직행하기도 하고 때로는 현대 연극[153]에 있어서처럼 옆길로 돌기도 한다. 드라마는 정교한 솜씨로 사회의 자기모순을 드러내 보이기도 하고 사회법규에 있어서의 허위성을 과장하기도 한다. 드라마는 이렇게 우회적인 방법을 통해 이번에는 껍데기를 용해함으로써 우리가 내면에 접하도록 한다. 그러나 이 두 경우에 있어서 사회를 약화하든, 자연을 강화하든, 드라마는 동일한 목표를 추구한다. 그것은 우리의 성격에 있어서 비극적 요소라 불릴 수 있는, 우리 자신의 감추어진 일부를 드러내 보이는 것이다. 우리가 감동적인 드라마를 보고 나오면서 갖는 느낌이 바로 이것이다. 우리의 흥미를 끈 것은 드라마가 타인에 대해서 얘기해 준 것이라기보다는, 우리 스스로에 대해 엿보게 해준 것, 밖으로 드러나려고 했으나 우리 입장으로는 운 좋게도 그러지 못한 그림자처럼 아련한 느낌과 감정의 세계인 것이다. 이것은 또한 우리의 내부에서 한없이 오래된, 조상 대대로의 회상에 대한 호출이 이루어진 듯한 느낌을 주기도 한다. 그래서 이러한 회상은 너무나도 깊고 우리의 현실적 삶에 동떨어져 있어 현실적 삶이 잠시 동안은 새롭게 체

---

153   여기에서 베르그손이 지칭하는 '현대'는 당연히 19세기 말을 의미한다.

득해야 하는, 비실재적이거나 또는 인습적인 어떤 것으로 보이게 되는 것이다. 따라서 드라마가 우리가 지니고 있는 피상적이고 실용적인 것 아래에서 찾고자 하는 것은 보다 깊은 실재임이 틀림없으며, 이 예술은 다른 예술과 같은 목표를 지니고 있는 것이다.

이러한 사실로부터 예술은 언제나 **개별자**l'individuel를 지향하는 것을 알 수 있다. 화가가 그의 화폭에 옮기는 것은 그가 일정한 장소에서 일정한 날의 일정한 시간에 본 것으로 두 번 다시 볼 수 없는 색깔을 지니고 있는 것이다.[154] 시인이 노래하는 것은, 그 자신의 그리고 오직 그 자신의 것으로서 두 번 다시 되풀이될 수 없는 마음의 상태이다. 극작가가 우리 눈앞에 펼쳐 보이는 것은, 한 영혼의 삶의 역사, 감정이나 사건의 살아 있는 줄거리, 요컨대 오직 한 번 일어난 것으로서 앞으로 다시 일어나지 않을 어떤 것이다. 우리가 이러한 감정들에 일반적인 이름을 붙여 보아야 소용없는 일이다. 다른 영혼에 있어서

---

[154] 예를 들어, 회화는 그 본질적 제약성 때문에 운동과 변화의 한 순간만을 포착하지만, 끊임없는 변화의 지속을 지각하여 표현하고자 했던 인상주의자들의 작업을 생각해 볼 수 있다. 이러한 시도는 모네가 끊임없이 변화하는 한 대상의 모습을 연작을 통하여 표현한 데서 잘 드러난다.

그것은 결코 동일한 것일 수 없다. 그것은 **개별화되어** 있다. 이러한 사실에 의해서만 그것은 예술에 소속된다. 왜냐하면 일반성, 상징 그리고 전형조차도, 이렇게 말할 수 있다면 우리의 일상적인 지각의 유통되는 현금^{monnaie courante}이기 때문이다. 그렇다면 어디로부터 이 점에 대한 오해가 생기는 것일까?

그 이유는 우리가 서로 매우 다른 두 가지 사실을 혼동하는 데 있다. 그것은 대상의 일반성과 우리가 그것에 대해 갖는 판단의 일반성이다. 어떤 감정이 일반적으로 참이라고 인정된다고 해서 그것이 일반적인 감정이라는 사실이 도출되지는 않는다. 햄릿^{Hamlet}의 성격만큼 독특한 것도 없으리라. 설사 그가 어떤 점에서 다른 사람과 닮았다 해도, 그가 우리의 관심을 가장 끄는 것은 이러한 점 때문이 아니다. 그러나 그는 보편적으로 받아들여지고 살아 있는 것으로 인정된다. 이러한 의미에서만 그는 보편적으로 참된 것이다. 다른 예술품의 경우에도 마찬가지이다. 예술품 하나하나는 독특한 것이지만, 만일 그것이 천재성의 흔적을 지니고 있으면, 모든 사람에게 받아들여지게 마련이다. 왜 우리는 그것을 받아들이는가? 그리고 만일 그것이 그 장르에서 유일한 것이라면 무슨 근거로 그것이 참되다는 것을 인정할 수 있는가? 우리가 그것의 참됨을 인정하는 것은 그것이 우리로 하여금 진지하게 보도록 요구하는 노력 자체에 의해서이다. 진지함은 이심전심으로 전파된다. 우리는 의심의 여지없이 적어도 예술가가 본 것과 완전히 똑같은 것을 다시 볼 수는 없다. 그러나 예술가가 그것을 철두철미 진실로 보았다면 베일을 벗기려고 한 그의 노력은 우리를 본받도록 한다. 그의 작품은 우리에게 교훈의 역할을 하는 실례가 되는 것이다. 그리고 이러한 교훈의 효력에 의해 작품의 참됨이 정확히 재어진다. 그러므로 참됨은 그 자체 안에 확신 아니 개종과 같은 힘을 지니고 있으며, 이것이 그 참됨이 인지되는 징표인 것이다. 작품이 위대하면 위대할수록 그 속에 엿보이는 진리는 그 만큼 깊고, 그 효과는 더욱더 기대되며, 또한 이 효과는 그만큼 더욱 보편적인 것이 된다. 그러므로 예술에 있어서의 보편성은 얻어진 결과 속에 있는 것이지, 원인 속에 있는 것은 아니다.

코미디의 목적은 이와는 전혀 다르다. 여기서는 보편성이 작품 자체 속에 들어 있다. 코미디는 우리가 이전에 만났고 앞으로도 살다 보면 다시 만나게 될 성격들을 묘사한다. 그것은 유사성이라는 특성을 취한다. 그것은 우리에게 전형을 보여주려고 하는 것이다. 그것은 때에 따라서는 새로운 전형을 창조하기까지 한다. 이 점에 있어서 코미디는 다른 예술과 대조를 이룬다.

유명한 코미디의 제목부터가 의미심장하다. 인간 혐오자, 수전노, 노름꾼, 얼빠진 사람 등[155] 모두 어떤 유를 지칭하는 이름이다. 그리고 성격 코미디가 고유명사를 제목으로 갖고 있는 경우에 있어서조차도, 이 고유명사는 내용의 무게에 의해 이내 보통명사의 범주로 휩쓸려 들어간다. 우리는 "타르튀프 같은 사람"이라고 말하기는 하나 "페드르Phèdre[156] 같은 사람"이니 "폴리왹트Polyeucte[157] 같은 사람"이라고는 말하지 않는다.[158]

---

155 「인간혐오자」와 「수전노」는 몰리에르의 작품이며 「노름꾼」과 「얼빠진 친구」는 르나르Jules Renard의 희극 작품이다.

156 라신이 유리피데스Euripides의 「힙포리투스Hippolytas」를 개작해서 쓴 대표작 「페드르」에 나오는 여주인공. 왕비 페드르는 의붓자식 이폴리트Hyppolite에 대한 비극적 사랑으로 절망 속에서 자살한다.

157 코르네이유의 작품 「폴리왹트」(1642)에 등장하는 비극의 주인공. 259년 순교한 아르메니아의 성인 폴리왹트Polyeucte de Mélitène는 기독교로 개종하고 로마총독이던 장인 펠릭스에 의해 처형당한다.

158 희극의 주인공과 비극의 주인공의 차이를 설명하고 있다.

무엇보다도 비극 작가에게는 주인공 주위에 이 주인공의 단순화된 모조품이라고 말할 수 있는 이차적 인물들을 등장시키려는 생각이 결코 일어나지 않을 것이다. 비극의 주인공은 그 유에 있어서 유일한 개체이다. 그를 모방할 수는 있을지 모른다. 그러나 그렇게 되면 의식적이든 아니든 비극은 희극으로 바뀌게 된다. 결국 아무도 그와 닮지 않는다. 왜냐하면 그가 누구하고도 닮지 않았기 때문이다. 이와는 달리 희극 작가가 중심인물을 구성해 나갈 때, 똑같은 일반적 특징을 지닌 다른 인물을 등장시켜 주인공 주위에 마치 위성처럼 돌게 하려는 강력한 본능이 지배한다. 많은 코미디가 「학식을 뽐내는 여인들Les Femmes savantes」, 「웃음거리 재녀들Les Précieuses ridicules」, 「지루한 세상Le Monde où l'on s'ennuie」[159] 등 복수적인 이름이나 집단 명사를 제목으로 하고 있으며, 기본적으로 동일한 전형에 속해 있는 다양한 사람을 무대에 등장시켜 얽히고설키게 한다. 코미디의 이러한 경향을 분석하는 일은 흥미 있을 것이다. 어쩌면 희극 작가는 최근 정신병리학에 의해 알려진 사실, 즉 동일한 종류의 정신 이상자는 알 수 없는 인력에 의해 서로서로

159　프랑스의 극작가 파예롱(Edouard Pailleron, 1834~1899)의 대표작.

를 찾아 나선다는 것에 대한 예감을 가졌는지도 모른다. 정확히 의학적 영역에서 이끌어낸 것은 아닐지라도, 희극적 인물은 우리가 이미 밝혔듯이 흔히 **방심한 사람**un distrait이며, 이 방심에서 정신적 균형의 완전한 파멸로의 이행은 자연스럽게 이루어지는 것이다. 그러나 다른 이유가 또 있다. 만일 희극 작가의 목적이 우리에게 전형, 말하자면 되풀이될 수 있는 인물을 제시하는 것이라면 이것을 위해 같은 형의 여러 견본들을 제시하는 것보다 더 효과적인 것이 있겠는가? 박물학자가 종種을 정의할 때 하는 방식이 이와 다르지 않다. 그는 종을 열거하고 그 기본적인 변종들을 기술하는 것이다.

비극과 코미디 사이의 이 본질적인 차이점은 전자는 개체에, 후자는 유형에 관계하는 다른 방식으로도 드러난다. 그것은 작품을 처음 구상할 때 나타나는 것인바 작품 구상은 처음부터 아주 판이한 두 관찰법에 의해 이루어지는 것이다.

이러한 주장이 역설적으로 보일지는 모르겠으나 다른 사람을 관찰하는 것은 아마도 비극 작가에게 필수적인 것은 아닌 듯하다. 우선 실제로 아주 위대한 작가들은 그들이 충실히 묘사한 열정의 분출을 주위에서 볼 기회를 갖지 못한 채 매우 은둔적이고 검소한 생애를 보냈다는 사실을 우리는 발견한다. 설사 그들이 이러한 광경을 실제 목격했다고 해도 그것이 얼마나 크게 도움이 되었는지는 의심스러운 것이다. 왜냐하면 작가의 작품에서 실제로 우리의 흥미를 끄는 것은 아주 깊은 영혼의 상태이거나, 그야말로 내적인 갈등에 대한 통찰이기 때문이다. 그런데 이러한 통찰은 밖으로부터 얻어질 수 없다. 우리의 영혼은 서로서로 침투할 수 없는 것이다. 우리는 다만 외적으로 열정의 어떤 조짐을 감지할 뿐이다. 우리는 이것을 우리 스스로 체험한 것과의 유비를 통해서만 해석한다. 그것도 아주 불충분하게. 그러므로 우리가 체험하는 것이 본질적인 것이며 우리가 속속들이 알 수 있는 것은— 물론 우리가 실제로 그것을 인식하기에 이를 때—다만 우리의 고유한 마음뿐이다. 이것은 작가가 그가 묘사하는 것을 실제로 체험했고 주인공들이 처해 있는 상황을 지나왔으며 그들의 내적인 삶을 살았다는 것을 뜻하는가? 이 경우에도 역시 작가의 전기 傳記는 이러한 가정을 부인할 것이다. 어떻게 같은 사람이 맥베스, 오셀로, 햄릿, 리어왕 그리고 다른 수많은 사람이었다고 상상이나 할 수 있겠는가? 그러나 이 문제에 있어서는 아마도 **어떤 사람**이 실제로 **지니고 있는**on a 인격과 **지녔을 수도 있었을** aurait pu 인격들을 구분해야만 할 것이다. 우리의 성격은 끊임없이 새로와지는 선택의 결과이다. 전 생애를 통해서 다소간의 분기점이 있으며 (적어도 겉에 나타나기로는) 우리는 그들 중의 오직 하나만을 택할 수밖에 없었지만 가능적인 여러 방향들을 지각하는 것이다. 자기의 발자취를 거꾸로 더듬어 희미하게 식별되는 방향의 끝까지 따라가는 것, 아마 여기에 시적인 상상력의 본질이 있는 듯하다. 물론 셰익스피어는 맥베스도 햄릿도 오셀로도 아니었다. 그러나 한편에서는 상황이, 다른 한편으로는 마음먹기가 합쳐져서 마음속에서 내적인 충동에 불과했던 것을 폭발 상태로 유인했다면, 그는 이런 다양한 인물들이 **되었을 수도 있었을** 것이다. 시적인 상상력이 그 주위의 여기저기서 얻은 조각들을 가지고 마치 아를르캥$^{Arlequin 160}$의 조각 옷을 깁듯이 인물들을 엮어낸다고 생각하는 것은 이 상상력의 역할을 이상할 정도로 오해하는 것이다. 이러한 작업으로부터는 어떠한 살아 있는 것도 나오지 않는 법이다. 생명은 짜 맞출 수 있는 것이 아니다. 생명은 단지 통찰되어질 수 있을 뿐이다. 시적인 상상력은 실재에 대한 보다 완전한 형안

---

160 이탈리아의 희극에 등장하는 익살스런 시종이다. 다이아몬드 무늬가 된 옷을 전신으로 감싸 입고 있으며, 교활하고 인기 있는 사람으로 등장하는 경우가 많다.

이외의 것이 아니다. 만일 작가가 창조한 인물들이 생명을 지닌 느낌을 우리에게 준다면, 그것은 이들이 작가 자신, 즉 다역多役을 연출하는 작가이기 때문이다. 작가는 아주 강력한 내적 통찰의 노력에 의해 자신을 깊이 파고들어, 실재적인 것 안에서 잠재적인 것을 포착하고, 그것을 완성된 작품으로 형상화하기 위해 자연이 그의 심성에 윤곽이나 단순한 초안의 상태로 남겨 놓은 것을 되찾는다.

코미디가 탄생하는 관찰의 유형은 이와는 판이하게 다르다. 그것은 외적인 관찰이다. 희극 작가가 아무리 인간의 특수성에 호기심을 갖는다 해도 나는 생각컨대, 그는 그 자신의 희극성을 탐구하는 데까지는 나아가지 않는다. 게다가 그는 그것을 찾을 수도 없을 것이다. 우리는 우리 자신의 의식에게는 감추어져 있는 쪽을 통해서만 우스꽝스럽기 때문이다. 이런 까닭에 관찰이 이루어질 곳은 다른 사람에서이다. 그러나 바로 그렇기 때문에 관찰은 일반성의 특성을 띠게 되고 이것은 관찰이 자기 자신에로 향할 경우 얻어질 수 없는 것이다. 왜냐하면 이처럼 표층에 머무름으로써 관찰은 사람들의 겉껍데기 — 이를 통해 이들이 서로 접촉하고 닮을 수 있는 — 이상의 것을 얻지 못하기 때문이다. 그것은 더 멀리 나아가지 않는다.

그리고 설사 더 멀리 나아갈 수 있을 경우에도 그것을 원하지 않을 것이다. 그 이유는 이를 통해 얻는 것이 없을 것이기 때문이다. 인격의 내면으로 지나치게 파고들어 외적인 결과를 아주 내적인 원인에 연결시키는 것은 결과가 지니고 있는 우스꽝스러운 요인을 위태롭게 하고 결국은 희생시키는 것이 된다. 우리로 하여금 외적인 결과에 대해 웃음을 터뜨리게 유도하기 위해서는, 그 원인을 영혼의 중간 지대에 위치시켜야만 한다. 결국 결과가 기껏해야 인간의 평균치를 표현하는 것으로서 보통의 것처럼 보이도록 해야만 하는 것이다. 그리고 모든 평균치가 그러하듯이 이것은 여기저기 흩어져 있는 자료를 모으고 유사한 것을 서로 비교하여 그 본질을 끄집어냄으로써, 요컨대 물리학자가 법칙을 이끌어 내기 위해 사실들을 다루는 것과 유사한 추상과 일반화의 작업을 통해서 얻어지는 것이다. 한마디로 이때의 방법과 목적은 관찰이 외적이며 결과가 일반화될 수 있다는 의미에서 귀납적 과학과 동일한 성격을 지닌다.

우리는 이렇게 오랜 우회汪廻를 거쳐서 우리의 연구를 통해 이끌어진 이중의 결론으로 되돌아오게 된다. 한편으로는 어떤 인물은 방심에 흡사한 정신 상태나 그의 인격 전체에 유기화되지 않은 채 기생충처럼 그에게 붙어 사는 무엇에 의해서만 우스꽝스럽게 된다는 사실이다. 이것이 바로 왜 이 정신 상태가 밖에서 관찰되어지고 또한 교정될 수 있는가 하는 이유이다. 그러나 다른 한편, 웃음의 목적은 이 교정 자체이므로 이 교정이 가능한 한 많은 사람에게 미치는 것이 필요하다는 점이다. 이것이 왜 희극적 관찰이 본능적으로 일반적인 것으로 나아가는가에 대한 이유이다. 그것은 특수성들 중에서 다시 일어날 수 있는, 결국 한 인간의 개체성에 불가분적으로 매어 있지 않은 것, 말하자면 공통적인 특수성을 선택한다. 이것을 무대에 옮기면서 희극적 관찰은 작품을 창조하고, 이 작품은 그 목적이 즐거움에 있다는 의미에서 예술에 속하지만, 그 일반성의 특성에 의해 그리고 또한 교정하고 가르치려는 무의식적인 저의를 가지고 있다는 점에서, 여타의 예술 작품과 확연히 구분되는 것이다. 그러므로 우리는 코미디는 예술과 삶의 경계에 위치해 있다고 말할 수 있었다. 그것은 순수 예술처럼 이해관계를 초월해 있지는 않다. 웃음을 형성하면서, 그것은 사회생활을 자연스러운 무대로 받아들인다. 그것은 사회생활을 이끄는 충동 중의 하나에 복종하기까지 한다. 그리고 이 점에 있어서, 그

것은 사회와의 절연이며 순수 자연으로 되돌아가는 예술에
등을 돌린다.

II. 순수한 희극적 성격: 허영

이제 앞에서 고찰된 것에 근거해서 더할 나위 없이 희극적인, 그 자체로서, 그 기원에 있어서 희극적인 그리고 그의 모든 표현에 있어서 희극적인 성격의 기질을 창조하기 위해서는 우리가 어떻게 처신해야만 할 것인가를 살펴보기로 하자. 이러한 기질은 무궁무진한 소재를 코미디에 공급하기 위해서 그 바닥이 깊어야만 하지만 코미디의 영역에 머물기 위해서는 피상적이어야만 하고, 희극적인 것은 무의식적인 것이므로 그것을 지닌 당사자에게는 눈에 띄지 않으면서도 보편적인 웃음을 유발하기 위해서 나머지 사람들에게는 뻔히 드러나야만 하며, 또한 거리낌 없이 펼쳐지기 위해서는 자기 자신에게 지극히 관대해야 하지만, 타인에게는 그들이 이것을 가차 없이 제지하게 하기 위해서는 거추장스러운 것이어야 하고, 웃는 것이 아무 쓸모없지 않기 위해서는 즉시 교정될 수 있어야 하면서도, 웃음이 끊임없이 터져 나오기 위해서는 새로운 면모로 틀림없이 다시 소생해야 하며, 사회로서는 견딜 수 없는 것이면서도 사회생활로부터 뗄 수 없는 것이어야 하고, 마지막으로 상상할 수 있는 형태의 최고의 다양성을 갖기 위해서는 모든 악덕에는 물론 적지 않은 수의 미덕에까지도 덧붙여 질 수 있는 것이어야 하리라. 이것들이 바로 함께 용해되어야 할 여러 요소들이다. 이 정교한 조제調劑를 위임 받은 영혼의 화학자는 그의 증류기로부터 내용물을 꺼낼 순간이 오면 사실 조금 낙담하게 된다. 그는 이미 만들어져서 돈 한 푼 안 들이고 얻을 수 있는, 그리고 자연에서의 공기만큼이나 인류 속에 퍼져 있는 이 혼합물을 합성하기 위해 고생깨나 했음을 알아차릴 것이다.

이 혼합물은 허영vanité이다. 아마도 이보다 더 피상적이면서 동시에 우리의 마음속에 보다 깊이 뿌리박힌 결점은 없을 것이다. 사람들이 그것에 가하는 모욕은 결코 심각할 수가 없으나, 그럼에도 여간해서는 치유되지 않는다. 허영심을 만족시키기 위해 다른 이에게 베푸는 봉사야말로 모든 봉사 중에서 가장 허식적인 것이지만 또한 오래오래 고마움을 남기는 것이기도 하다. 그것 자체가 악이라고는 말하기 힘들지만, 모든 종류의 악이 그 주위를 회전하며 점점 세련됨에 따라, 이 허영을 만족시키려는 수단에 불과한 것이 된다. 허영은 우리가 우리 주위에 불러일으켰다고 믿는 찬양에 근거한 자기 예찬이므로 사회생활에서 나온 것임에도 불구하고, 또한 보다 본성적인 것이며 이기심보다 훨씬 보편적으로 타고난 것이다. 왜냐하면 이기심은 왕왕 본성에 의해 정복되지만 생각만으로도 우리는 허영의 극치에까지 도달할 수가 있기 때문이다. 실제로 나는 겸양을 완전히 신체적인 어떤 수줍음으로 부르지 않는 한, 우리가 겸손하게 태어났다고는 믿지 않는다. 더구나 이것은 우리가 보통 생각하는 것 이상으로 오만에 가까이 있다. 진정한 겸양은 허영에 대한 성찰 이외의 것이 될 수 없다. 그것은 다른 사람의 실수를 보고 자기도 마찬가지로 잘못을 범하지나 않을까 하는 두려움으로부터 생긴다. 그것은 사람들이 자기에 대해 이러쿵저러쿵 말하고 생각할 것에 대한 일종의 과학적 신중함 같은 것이다. 그것은 교정에 의해서 이루어지며 한마디로 후천적으로 습득된 덕성이다.

겸손해지고자 하는 염려와 우스꽝스럽게 되지나 않을까 하는 두려움이 정확히 어느 점에서 분리되는지는 말하기가 쉽지 않다. 그러나 이 두려움과 염려가 시초에 있어서는 뒤섞여 있음이 분명하다. 허영이 갖는 착각과 그것에 연결되어 있는 우스꽝스러운 것에 대한 전면적인 연구는 웃음에 대한 이론에 특이한 빛을 던져줄 것이다. 우리는 이러한 연구를 통해서 웃음이 그의 중요한 기능 중의 하나를 한결같이 수행하고 있음을 알 수 있을 것이다. 이 기능이란 방심 상태에 있는 어떤 종류의 자존심을 완전한 자기의식으로 이끌어 이러한 성격들로 하여금 가능한 최대한의 사회적 성격을 얻도록 하는 것이다. 우리 신체 속에서 끊임없이 분비되는 소량의 독소가, 만일 다른 분비물이 나와 그 효력을 중화하지 않으면 결국에는 우리의 몸을 중독시키게 되는 것과 마찬가지로 사회생활의 자연적 산물인 허영이 어떻게 사회를 저해하는지를 우리는 알 수 있을 것이다. 웃음은 이러한 종류의 일을 쉬지 않고 수행한다. 이런 의미에서 허영에 대한 특수한 치유법은 웃음이며, 본질적으로 우스꽝스러운 결점은 허영이라고 말할 수 있다.

형태와 움직임에 있어서 희극적인 것을 다루면서 우리는 그 자체로서 웃음을 자아내는 이러저러한 단순한 이미지가 어떻게 보다 복잡한 이미지에 삽입되어 모종의 희극적 효과를 주입할 수 있는가를 살펴보았다. 따라서 가장 고급의 희극적 형태는 때로는 가장 저급의 것에 의해 설명된다. 그러나 그 반대의 작용은 아마도 더욱 자주 일어난다. 그래서 매우 정교한 희극적 요소가 퇴락한 결과에 따른, 아주 거친 희극적 효과들도 있는 것이다. 그러므로 희극적인 것의 한 고급 형태인 허영은 우리들의 일상적 활동의 모든 표현 속에서 우리가 무의식적이기는 하지만 꼼꼼히 찾으려고 하는 요소이다. 우리는 그저 웃기 위해서일지라도 이 허영을 찾는 것이다. 그리고 우리의 상상력에 의해 종종 아무 쓸모도 없는 데에서도 허영이 발휘된다. 심리학자는 대비의 관점에서 불충분하게 설명했던 일정한 웃음의 효과를 지닌 완전히 조잡한 희극이 있는바, 이것을 아마도 바로 허영이라는 근원과 연관시켜야 할 것이다. 키가 작은 사람이 커다란 문을 지나가면서 고개를 숙인다. 한 친구는 장대같이 크고, 다른 한 친구는 작달막한 두 사람이 서로 팔을 끼고 장중하게 걷는 모습 등이 이것이다. 두 번째 이미지를 보다 가까이서 고찰한다면 당신은 아마도 키 작은 친구가 키 큰 친구를 향해 **발돋움하려는**se hausser 노력을 하는 것처럼 보임을 발견할 것이다. 마치 소만큼 스스로 커지기를 원하는 개구리처럼.[161]

---

161 1668년에 출판된 라퐁텐(Jean de la Fontaine, 1621~1695)의 『라퐁텐 우화집*Fables de La Fontaine*』 1권의 세 번째 이야기 「소처럼 커지고 싶어 하는 개구리」에서 온 표현.

III. 직업과 관련된 희극적 요소

　희극 작가의 주의를 끌 만큼 허영과 결합되어 있거나 그것과 어깨를 겨루는 성격의 여러 특성들을 여기서 일일이 열거할 수는 없다. 우리는 이미 모든 종류의 결점은 희극적일 수 있으며, 나아가서 경우에 따라서는 어떤 종류의 장점까지도 그럴 수 있다는 사실을 보았다. 우스꽝스러운 것으로 판명된, 이미 알려진 것에 대한 목록이 작성된다 할지라도, 코미디는 그 목록을 더 늘릴 수 있을 것이다. 물론 이때의 늘림은 순수히 상상력에 의해 우스꽝스러운 것을 창조함으로써가 아니라, 이제까지 감지되지 않은 희극적 전개의 어떤 **방향**의 발견을 통해서이다. 이렇게 함으로써 상상력은 하나의 동일한 양탄자의 복잡한 그림 속에서 언제나 새로운 형태를 분간해 낼 수 있는 것이다. 이러한 작업에서의 본질적 조건은, 우리가 알다시피 이 관찰된 특수성이 곧장 많은 사람들이 그 속에 삽입될 수 있는 일종의 **틀**^{cadre}처럼 보여야 한다는 점이다.

그러나 사회 자체에 의해 형성된 여러 틀들이 있으며 그것들은 사회가 분업에 기초해 있으므로 사회에 필요하다. 그것은 바로 여러 종류의 생업, 직분, 직업을 이야기하는 것이다. 모든 전문직은 그것에 몰두해 있는 사람들에게 그것에 의해 서로서로 닮고, 다른 사람들과 구분되는 정신의 습관이나 성격의 특징을 부여한다. 이렇게 해서 작은 사회가 큰 사회 속에서 형성된다. 의심의 여지없이 이것은 사회 일반의 조직 자체로부터 유래한다. 그러나 만일 이 조그만 사회들이 서로 너무 유리되면, 사회성을 저해할 위험이 있게 될 것이다. 그런데 웃음은 바로 이 분리되는 경향을 억제하는 기능을 수행한다. 그것의 역할은 경직성을 유연성으로 교정하고, 개인을 전체에 다시 적응시키고, 결국 모서리가 서로 충돌할 때 둥글게 하는 데 있다. 그러므로 이런 경우에 있어서는 그 다양성이 미리 결정될 수 있는 종류의 희극적인 것을 대하게 된다. 이것을 우리는 **직업과 관련된 희극적 요소**comique professionnel라고 부를 수 있을 것이다.

우리는 이러한 다양한 종류들을 세세히 검토하기보다는 차라리 이것들이 갖고 있는 공통점을 강조하는 길을 택하기로 하자. 우선 우리는 직업적 허영을 들 수 있다. 주르뎅 씨의 선생들은 하나같이 자기의 과목을 다른 모든 과목보다 높이 평가한다.[162] 라비슈의 작품 중의 한 인물은 사람이 나무장수가 아닌 다른 직업을 가질 수 있다는 것을 도무지 이해하지 못한다. 그는 물론 나무장수이다.[163] 게다가 이 경우 허영은, 종사하고 있는 직업이 사기성이 농후할수록 **근엄함**의 모습을 띠는 경향이 있다. 왜냐하면 기술이 의심스러울수록 그것을 행사하는 사람은 자기가 일종의 성직을 부여받은 것처럼 믿고, 사람들이 그 신비 앞에서 머리를 조아리도록 강요하려는 경향이 있다는 것은 분명한 사실이기 때문이다. 유용한 직업은 명백히 공중을 위해 있는 것이다. 그러나 그 효용이 보다 의심스러운 직업은 공중이 자기를 위해 있는 듯이 가정함으로써만이 자기 존재를 정당화할 수 있다. 그런데 근엄함의 밑바닥에 있는 것이 바로 이 착각이다. 몰리에르가 그리는 의사들이 연출하는 희극의 대부분이 여기에서 비롯한다. 그들은 환자가 마치 의사를 위해 만들어지고 자연의 이법 자체도 그들의 눈에는 의술에 종속되어 있는 듯이 대한다.

---

162 몰리에르, 「부르주아 귀족」, 1막 2장, 2막 2-3장.
163 라비슈, 「눈속임」, 2막 3장.

이 희극적 경직성의 다른 형태는 **직업적 무감각함** endurcissement professionnel이라고 부를 수 있는 것이다. 희극적 인물은 그의 직분의 견고한 틀 속에 너무나 꼭 틀어박혀서 다른 사람처럼 처신하거나 특히 감동할 여지를 더 이상 갖지 못한다. 이자벨 Isabelle이 재판관 피에르 당댕Pierre Dandin[164]에게 어떻게 불쌍한 죄인이 고문당하는 것을 구경할 수 있느냐고 물을 때, 그가 대답하는 말을 회상해 보자.

까짓것! 으레 한두 시간이면 되는 걸.[165]

타르튀프가 오르공Orgon의 입을 통해 한 말 역시 일종의 직업적 무감각함을 나타내는 것이 아닌가?

형제고, 아이고, 어머니고, 아내고 모두 죽게 놔둘거야.
내가 그 이상 더 할 게 뭐람![166]

---

164 라신의 「소송광들Les Plaideurs」에 나오는 주인공.

165 라신, 「소송광들」, 3막 4장.

166 몰리에르, 「타르튀프」, 1막 5장.

그러나 직업을 희극으로 밀고 나가기 위해 가장 흔히 쓰이는 수법은 직업을 그에 고유한 언어의 울타리 안에 가두는 것이다. 재판관이나 의사, 군인이 마치 그들이 보통 사람들처럼 말할 수 없는 듯이 흔히 눈에 띄는 사물들에 법학이나 전략 또는 의학 용어를 적용하도록 하는 것이다. 일반적으로 이러한 종류의 희극적인 것은 상당히 거칠다. 그러나 우리가 이미 언급했듯이 이것이 성격의 특성과 직업적 습관을 드러내 보일 때는 보다 섬세한 것이 된다. 르나르의 작품에 나오는 노름꾼을 떠올려 보자. 여기서 노름꾼은 도박 용어를 기막히게 구사해서 자신을 표현한다. 예컨대 그의 하인^{valet167}에게 헥토르^{Hector168}라는 이름을 주고 자기의 약혼녀를 이처럼 부르게 한다.

> 스페이드 여왕¹⁶⁹의 이름으로 유명한 팔라스^{Pallas170}여¹⁷¹

---

167 프랑스어에서 "valet"는 '하인'과 카드놀이에서의 '잭Jack'을 동시에 의미한다.

168 호머Homer의 서사시 『일리아드』에 나오는 트로이의 왕자. 프랑스에서는 카드의 잭, 퀸, 킹에 신화와 역사에 등장하는 인물들의 이름을 별도로 붙인다. 헥토르는 다이아몬드의 잭에 붙여진 이름이다.

169 트럼프의 네 가지 무늬 중의 하나.

170 그리스 신화에 나오는 여신 아테나의 별칭.

171 르나르, 「노름꾼」, 3막 4장.

또는 「학식을 뽐내는 여인들」에 있어서 희극적 요소의 상당 부분은 학문적 질서의 관념들을 여성적 감수성이 깃든 용어들로 옮겨 놓는 데 있다. 예컨대 "에피쿠로스[172]는 **내 맘에 드는데**…Epicure me plait …", "**나는 회오리바람을 좋아해**J'aime les tourbillons" 등이 그것이다. 3막을 읽어 보면 아르망드Armande, 필라멩트Philaminte, 그리고 벨리즈Bélise가 한결같이 이러한 식으로 말하는 것을 발견할 수 있다.[173]

이 방향으로 더 멀리 나아가면 직업적 논리, 말하자면 일정한 범위에서는 통상적으로 사용되고 그 영역에서는 참이지만 나머지 세계에는 거짓이 되는 일정한 추론의 방식이 있음을 또한 발견하게 된다. 그런데 하나는 특수한, 다른 하나는 보편적인, 이 두 종류의 논리의 대비는 특별한 성격의 희극적 효과를 산출하기 때문에 이에 대해서 보다 길게 고찰해 보는 것이 헛되지는 않으리라. 여기서 우리는 웃음에 대한 이론에 있어서 중요한 점을 접하게 된다. 그러므로 우리는 이 문제를 확

---

172 Epicure(B.C. 341~270), 고대 그리스의 철학자이자 에피쿠로스 학파라 불리는 학파의 창시자.

173 몰리에르, 「학식을 뽐내는 여인들」, 3막 2장.

대하고 그것의 일반적 성격을 규명하기로 한다.

IV. 부조리의 논리

희극적인 것의 깊은 원인을 이끌어 내는 데 너무 열중하다 보니, 우리는 그것의 가장 현저한 현상의 하나를 이제까지 소홀히 취급해야만 했다. 우리는 이제 희극적 인물이나 희극적 무리에 있어서의 고유한 논리, 경우에 따라서는 상당한 부조리 absurdité를 내포할 수 있는 이 기이한 논리에 관해 이야기하고자 한다.

테오필 고티에[174]는 기상천외한 희극적인 것에 관해서 그것은 부조리의 논리라고 말한 적이 있다. 웃음에 관한 이론을 제시한 몇몇 철학자들도 이와 비슷한 생각의 주변을 맴돌

---

174 Théophile Gautier(1811~1872), 프랑스 문단에서 활약한 시인이자 소설가 겸 문예 평론가. 빅토르 위고와의 만남을 계기로 문학에 뛰어들었다. 장시 「알베르튀스Albertus」에 붙인 서문과 장편소설 『드 모팽 양Mademoiselle de Maupin』에서 "예술을 위한 예술"을 옹호하는 발언을 하여 문단에 파란을 일으켰다. 대표적인 작품으로 시집 『에나멜과 카메오Émaux et Camées』을 비롯해 장편소설 『미라 이야기Le Roman de la Momie』, 비평집 『유럽의 미술Les Beaux-Arts en Europe』 등이 있다.

고 있다. 모든 희극적 효과는 어떤 측면에서는 모순을 포함하고 있을 것이다. 우리를 웃게 하는 것은 구체적 형태 속에서 실현된 부조리, "눈에 확연히 드러나는 부조리" ― 또는 처음에는 받아들여졌다가 이내 교정되는 외관상의 부조리 ― 또는 차라리 한편으로는 부조리하지만 다른 한편으로는 자연스럽게 설명되어지는 것 등일 것이다. 이러한 모든 이론들은 의심할 여지없이 일말의 진리를 지니고 있다. 그러나 무엇보다도 먼저 이러한 이론들은 오직 상당히 거친 희극적 효과에만 적용될 뿐이며, 이처럼 적용되는 경우에 있어서조차도, 이것들은 우스 꽝스러운 것의 특징적 요인, 즉 희극적인 것이 부조리를 내포하고 있을 때 지니는 **아주 특수한 종류**의 이러한 부조리를 고려하지 않은 듯하다. 이 주장에 대한 확증을 원하는가? 우리는 이러한 정의들 중의 하나를 선택해서 요식에 따라 효과를 구성해 보기만 하면 알 수 있는데, 대부분의 경우 우리는 희극적인 효과를 얻을 수 없을 것이다. 따라서 희극적인 것에서 우리가 만나는 부조리는 임의의 부조리가 아니고 특정한 부조리이다. 그것은 희극적인 것을 창조하기보다는 차라리 희극적인 것에서 유래된 것이라 할 수 있다. 그것은 원인이라기보다는 결과, 더욱이 그것을 야기하는 원인의 특성이 반영되는 아주 특수한 결과인 것이다. 우리는 이 원인이 무엇인지 안다. 그러므로 그 결과를 이해하는 데 아무런 어려움도 없는 것이다.

어느 날 들판을 산책하다가 언덕 꼭대기에서 빙빙 도는 팔을 가진, 움직이지 않는 거대한 물체와 어렴풋이 닮은 어떤 것을 보았다고 가정해 보자. 당신은 아직도 이것이 정확히 무엇인지 모른다. 그러나 당신은 **생각** 속에서, 즉 기억이 허락하는 과거의 회상 속에서 당신이 발견한 것에 가장 잘 들어맞는 기억이 무엇인가를 찾을 것이다. 그러자 이내 풍차가 머리에 떠오르고 실제로 당신 눈앞에 있는 것은 풍차이다. 이 경우 당신이 집을 나서기 바로 전에 한없이 긴 팔을 가진 거인의 이야기가 실려 있는 동화책을 읽었다는 게 문제되지 않는다. 양식[bon sens]이 기억하는 능력에 있는 것은 틀림없는 사실이나, 그러나 그것은 또한 그리고 무엇보다도 망각하는 능력에 있는 것이다. 양식은 대상이 바뀌면 생각도 달리하면서 끊임없이 적응하고 다시 적응하는 정신의 노력인 것이다. 그것은 사물의 변화에 정확히 자신을 맞추는 지성의 운동성이다. 그것은 결국 삶에 대한 주의[attention à la vie][175]의 움직이는 연속성인 것이다.

---

175 베르그손에 따르면 인간의 기억과 감각과 운동은 현재의 삶을 유지하는 데 우선적

그러나 지금 출정하는 돈키호테의 경우를 보자. 그는 소설에서 기사가 도중에서 거인인 적을 만나는 이야기를 읽었다. 그래서 그는 거인을 꼭 만나야만 하는 것이다. 거인에 대한 생각은 그의 마음속에 자리 잡고 매복해서 밖으로 튀어나가 어떤 사물 속에 끼어들 기회만을 꼼짝 않은 채 엿보는, 특권적 기억이다. 이 회상은 구체화되기를 **원한다**. 그래서 처음으로 마주치는 대상이 거인의 형태와 어렴풋이나마 비슷하게 되면 회상에 의해 거인의 모습을 부여받는 것이다. 그래서 돈키호테는 우리가 단순히 풍차를 보는 곳에서 거인을 발견한다. 이것은 희극적이며, 또한 부조리하다. 그러나 이것이 하찮은 종류의 부조리인가?

이것은 상식$^{sens\ commun}$의 아주 특수한 전도이다. 이것은 우리가 갖고 있는 관념을 사물에 맞추는 것이 아니라 사물을 관념에 맞추려고 하는 데서 성립한다. 그것은 자기가 실제 보는 것에 대해서 생각하는 것이 아니라, 자기가 생각하고 있는 것을 눈앞에서 발견하려는 데서 기인한다. 양식은 우리가 모든

으로 집중되어 있다. 베르그손은 이를 "삶에 대한 주의"라고 부른다. 반대로 이러한 긴장이 이완된 상태의 대표적인 예가 꿈이다. 『물질과 기억』, 290-291쪽 참조.

회상을 그 고유한 위치와 질서 속에 놓기를 원한다. 그러므로 적절한 기억이 매번 현재의 상황의 부름에 응답하고 그것을 해석하는 데 기여할 뿐이다. 그런데 이와 반대로 돈키호테의 경우에 있어서는 다른 기억을 억제하면서 인격 전체를 지배하는 한 무리의 기억이 있는 것이다. 이렇게 되면 실재가 상상력 앞에서 무릎을 꿇게 되고 실재의 유일한 기능이란 이 상상력에 형체를 부여해 주는 것이다. 이렇게 일단 착각이 이루어지면 돈키호테는 그것을 모든 귀결에 있어서 제법 논리적으로 발전시킨다. 그는 꿈꾸는 대로 놀아나는 몽유병자의 확실성과 정확성을 가지고 움직인다. 이것이 오류의 기원이며 또한 부조리를 지배하는 특수한 논리이다. 그렇다면 이 논리는 돈키호테에게만 고유한 것인가?

희극적 인물은 정신이나 성격의 완고함, 방심 또는 자동주의에 의해 잘못을 저지른다는 사실을 우리는 이미 지적했다. 희극의 밑바닥에는 우리로 하여금 제 길로 곧장 나가게 하는, 귀를 틀어막고 아무것에도 귀 기울이지 않고, 들으려고 하지 않는 특정한 종류의 경직성이 있는 것이다. 몰리에르 연극의 얼마나 많은 희극적 장면이 이 단순한 형태로 환원되는가! **어떤 인물이 제 생각만을 뒤쫓아**, 사람들이 그렇게 끊임없이 그를 가로막는데도 막무가내로 으레 자기 생각으로 되돌아가는 것이다. 게다가 아무것도 듣지 않으려는 사람에서 아무것도 보지 않으려는 사람으로, 그래서 결국 자기가 원하는 것만을 보고자 하는 사람으로의 이행이 눈에 띄지 않게 수행된다. 자기 고집만 내세우는 정신은 결국 제 생각을 사물에 맞추는 대신에 사물을 생각에 굽히게 하는 것이다. 모든 희극적 인물은 결국 우리가 바로 위에서 묘사한 착각의 길 위에 있으며 돈키호테는 희극적 부조리의 일반적 전형을 제공하고 있다.

이러한 상식의 역전에 무슨 이름이 있을까? 이것은 물론 광증^{folie}의 어떤 형태 속에서 그것이 급성이든 만성이든 발견된다. 이것은 많은 면에서 고정관념$^{idée\ fixe}$과 유사하다. 그러나 일반적인 광증이나 고정관념은 우리를 웃게 하지 않는다. 그 이유는 이것들은 병이기 때문이다. 이것들은 우리의 동정심을 유발한다. 웃음은 우리가 알다시피 감동과는 양립할 수 없는 것이다. 만일 우스꽝스러운 광증이 있다면, 그것은 정신의 일반적인 건강과 양립할 수 있는 광증 혹은 이렇게 표현할 수 있다면 정상적인 광증일 경우에만 가능하다. 그런데 모든 면에서 광증을 모방하는 정신의 정상상태가 있다. 그리고 거기서 정신 이상^{aliénation}에서와 같은 관념의 연합과 고정관념의 경우에서와 동일한 기이한 논리가 발견된다. 그것은 꿈의 상태이다. 그러므로 우리의 분석이 부정확하거나 아니면 이것은 다음과 같은 정리定理로 공식화할 수 있을 것이다. **희극적 부조리는 꿈의 부조리와 같은 종류이다.**

우선 꿈에서의 지성의 작용은 위에서 언급한 바로 그것이다. 정신은 제 스스로에 매혹되어 외계로부터 그의 상상력을 구상화할 수 있는 구실만을 찾는다. 잠을 잘 때에도 여전히 소리가 희미하게나마 귀에 들리고 색이 시각의 영역에서 배회한다. 한마디로 감각이 완전히 닫힌 것은 아니다. 그러나 꿈꾸는 사람은 자신의 감각이 지각한 것을 해석하기 위하여 모든 기억들을 소환하는 대신에 반대로 선호하는 기억을 구체화하기 위해 지각한 것을 사용한다. 그래서 벽난로로 불어오는 똑같은 바람 소리도 꿈꾸는 사람의 마음 상태에 따라, 그의 상상력을 점유하고 있는 생각에 따라 야수의 울부짖음이 되기도 하고, 감미로운 노래가 되기도 한다. 이것이 꿈의 착각이 갖는 일상적 기제이다.

만일 희극적 착각이 꿈의 착각이며 희극적인 것의 논리가 몽상의 논리라면 우스꽝스러운 것의 논리 속에서 꿈의 논리의 다양한 특성들을 발견하는 것을 기대할 수 있다. 여기서 우리가 익히 알고 있는 법칙이 다시 한 번 검증된다. 우스꽝스러운 것의 한 형태가 주어지면 다른 형태들은 같은 희극적인 기초를 지니고 있지 않더라도 첫 번째 것과의 외적인 유사성에 의해 우스꽝스러운 것이 되는 것이다. 실제로 모든 **관념의 놀이**^{jeu} $^{d'idées}$가 그것이 다소간 꿈이 취하는 유희에 대한 생각을 불러일으키기만 하면 재미있는 것이 될 수 있다는 사실을 쉽게 볼 수 있다.

우선 추론의 규칙에 있어서의 어떤 일반적인 이완을 들 수 있다. 우리가 웃는 추론은 우리가 거짓임을 아는 추론, 그러나 만일 우리가 꿈속에서 그것을 들었다면 참이라고 여길 수 있는 그런 추론이다. 그것은 잠든 정신을 속이기에 충분한 정도로만 참된 추론을 모방하여 따라 한다. 그것 역시 논리라고 할 수는 있겠지만 품위가 결여된, 바로 그럼으로써 우리를 지적 작업으로부터 쉽게 하는 논리이다. 많은 "재담$^{traits\ d'esprit}$"이 이러한 유의 추론으로서, 우리에게 출발점과 결론만을 주는, 생략된 추론인 것이다. 게다가 재치 놀이$^{jeu\ d'esprit}$는 관념 사이의 관계가 더욱 피상적으로 되는 것에 비례해서 말장난의 방향으로 발전한다. 조금씩 조금씩 우리는, 귀에 들리는 말의 의미는 더 이상 따지지 않고 오직 그 소리만을 취하게 되는 것이다. 따라서 어떤 사람이, 다른 사람이 그의 귀에다 속삭이는 말을 잘 못된 뜻으로 받아들여 틀에 박힌 듯이 되풀이하는 아주 희극 적인 장면은 꿈에 비교되어야 하지 않을까? 잡담을 늘어놓은 사람들 사이에서 잠이 들 때, 그들의 말이 점점 의미가 없어지 고, 그 소리가 변형되고, 그러다가 어떤 우연에 접합되어 당신 의 생각 속에서 이상야릇한 의미를 갖게 되는 것을, 그리고 이 렇게 해서 당신은 당신과 말하는 사람들 사이에서 프티장^{Petit-} ^{Jean}176과 프롬프터177 사이의 장면을 재연하게 되는 것을 때때 로 발견할 것이다.178

꿈에서의 강박 관념과 아주 유사한 **희극적 강박 관념**도 있 다. 꿈들이 아무런 공통점도 갖고 있지 않는데도 똑같은 이미 지가 연속적인 여러 꿈속에서 되풀이 등장하고, 그럴 때마다 그럴듯한 의미를 갖는 것을 경험하지 못한 사람이 있을까? 반 복의 효과는 때로 연극이나 소설에 있어서 이와 같은 특수한 형태를 보여 주기도 한다. 그것의 어떤 것들은 실제로 꿈에 속

---

176 라신의 「소송광들」에 나오는 인물.

177 무대 뒤에서 배우에게 대사를 일러 주는 사람.

178 라신, 「소송광들」, 3막 3장.

하는 것처럼 반향한다. 그리고 많은 노래에 있어서의 반복구도 아마 마찬가지이다. 그것은 각절 끝에서 매번 다른 음조로 변하지 않고 끈질기게 되풀이된다.

우리는 꿈속에서 독특한 형태의 **크레셴도**^{crescendo}179나 꿈이 진행될수록 강조되는 기묘한 결과를 드물지 않게 대한다. 일단 이성의 길에서 빗나가면, 이것이 두 번째 결과를 낳고, 이것이 다시 더 심각한 결과를 이끌면서 마지막 부조리에 이르기까지 이어진다. 그러나 부조리로 향한 전진은 꿈꾸는 사람에게 특별한 느낌을 준다. 이것은 술꾼이 취하면서 논리고 예절이고 아무것도 문제되지 않는 상태로 기분 좋게 미끄러져 들어가는 것을 스스로 느낄 때 경험하는 것과 같은 느낌일 것이다. 이제 몰리에르의 몇몇 코미디가 바로 이와 같은 느낌을 주지나 않는지 살펴보도록 하자. 예컨대 「푸르소냑 씨」에서는 처음엔 거의 사리에 맞게 출발해서 갈수록 온갖 종류의 해괴한 짓이 펼쳐진다. 또 다른 예를 들자면 「부르주아 귀족^{Bourgeois gentilhomme}」에서는 연극이 진전됨에 따라 주인공들이 광기의

---

179 점점 세게 연주하라는 악상 부호. 여기서는 꿈속에서 경험하는 것이 점점 강해지는 현상을 표현한다.

회오리바람에 이끌리도록 자신을 내맡기는 듯하다. "만일 더 미친 녀석을 볼 수 있다면, 로마에라도 가서 말할 거야." 막이 내림을 알리는 이 말은 우리가 주르뎅 씨와 함께 이제까지 그 속에 잠겨 있던 점점 더 기상천외로 나아가는 꿈으로부터 우리를 깨어나게 한다.

그러나 무엇보다도 꿈에 고유한 광란상태^{démence}가 있다. 꿈꾸는 사람의 상상에게는 너무나 자연스럽지만, 깨어 있는 사람의 이성에게는 너무나 충격적이어서, 그것을 경험하지 못한 사람에게는 정확하고 완전한 생각을 주기가 불가능한 유별난 모순이 있는 것이다. 우리가 여기서 암시하는 것은 실상은 한 사람이면서 그럼에도 불구하고 서로 구분되는 두 사람 사이에서 꿈이 흔히 행하는 기이한 융합이다. 일반적으로 이들 중의 한 사람은 잠자는 사람 자신이다. 그는 계속 자기 자신으로 있다고 느낀다. 그럼에도 그는 다른 어떤 사람이 되어 있다. 그는 자신이면서 또한 자기 자신이 아니다. 그는 자기가 말하는 걸 듣고 행위하는 걸 본다. 그러나 그는 다른 자기가 자신의 몸을 빌리고 그의 목소리를 훔친 듯이 느끼는 것이다. 나아가서 그는 평소처럼 말하고 행동하고 있음을 의식한다. 다만 그는 자기 자신에 대해서 자기와 아무런 공통점도 갖고 있지 않은 낯선 사람처럼 말한다. 그는 자기 자신으로부터 떨어져 나온 것이다. 이러한 유의 기이한 혼동을 어떤 희극적 장면에서 발견할 수 있지 않을까? 나는 「앙피트리옹Amphytryon」180을 말하는 것이 아니다. 물론 이 작품에서 혼동이 관객의 마음에 암시되기는 하지만, 희극적 효과의 태반은 우리가 위에서 "두 계기의 상호 간섭"이라고 불렀던 것에서 유래하는 것이다. 내가 말하는 것은, 비록 그것을 이끌어 내기 위해 숙고의 노력이 필요하다 할지라도, 이러한 혼동이 진정으로 그 순수 상태로서 나타나는 기상천외의 희극적 추론이다. 예를 들어 마크 트웨인Mark Twain이 그를 인터뷰하러 온 기자에게 한 대답을 들어 보자. "형제가 있으십니까? — 그렇소, 빌Bill이라고 불렀지, 불쌍한 빌! — 그러니까 빌이 죽었나요? — 결코 알 수 없었던 게 바로 그거요. 이 사건에는 불가사의한 일이 있지요. 그 죽은 녀석과 나는 쌍둥이였소. 그리고 우리가 겨우 생후 15일이 넘었을 때 같은 목욕통에서 함께 목욕을 했었는데 우리들 중의 하나가 익사해버린 거요. 그런데 우리는 그게 누구였는지를 몰

---

180 몰리에르의 대표적인 희극 작품으로 그리스의 장군 앙피트리옹과 그의 젊은 신부 사이의, 가슴이 찢어지는 듯한 이별 이야기를 담고 있다.

랐소. 어떤 사람은 그게 빌이었다고 생각하고, 다른 사람들은 나였다고 하는 거요. — 묘한 일이군요. 헌데, 당신은 그것에 대해 어떻게 생각하십니까? — 들어 보시오. 내가 이제까지 누구에게도 밝히지 않은 비밀을 당신에게 털어놓겠소. 우리 둘 중의 한 명에겐 하나의 두드러진 특징, 즉 왼손 등에 보기 좋은 큰 점이 하나 있었지요. 그리고 그게 나였소. 헌데 물에 빠져 죽은 놈이 바로 그애였거든⋯."[181]

이것을 보다 가까이서 검토해 보면 이 대화의 부조리는 임의로운 종류의 부조리가 아님을 알 수 있다. 이 부조리는 만일 말하는 사람이 바로 이야기하고 있는 쌍둥이의 하나가 아니라면 사라질 것이다. 그것은 마크 트웨인이 이 쌍둥이의 하나라고 하면서, 자신이 그들의 이야기를 하는 제 삼자인 것처럼 말하는 데 있다. 많은 경우의 꿈속에서 우리는 다른 방식을 취하지 않는다.

---

181 마크 트웨인의 단편소설, 「어떤 인터뷰 기자와의 만남An Encounter with an Interviewer」(1874).

V. 웃음과 공감:
희극적인 것의 도덕성과 사회성

이 마지막 관점에서 본다면 희극적인 것은 우리가 부여한 모습과는 다른 모습으로 나타나는 듯하다. 이제까지 우리는 웃음 속에서 무엇보다도 교정의 수단을 보았다. 일련의 희극적 효과를 취해 군데군데에서 지배적인 전형을 이끌어 내 보면 중간에 위치하는 효과는 그 희극적 성격을 이러한 전형과의 유사성에서 얻으며 이 전형 자체들은 사회에 대한 무례함의 숱한 본보기들임을 알 수 있다. 이 무례함에 대해서 사회는 웃음으로 응수하는데 이 웃음은 한층 더 심한 무례함인 것이다. 그러므로 웃음은 전혀 호의적이 아니다. 그것은 차라리 악에게 악을 되돌려주는 격이다.

그러나 우스꽝스러운 것의 느낌 속에서 먼저 우리를 사로잡는 것은 이것이 아니다. 희극적 인물은 흔히 우리가 우선은 실제로 공감함으로써 맞아들이는 인물이다. 즉 우리는 아주 짧은 순간이나마 그의 위치에 서서 그의 몸짓이나 말, 행위를 따르고, 만일 우리가 그에게서 우스꽝스러운 어떤 점을 재미 있어 한다면, 우리는 상상 속에서 그가 우리와 함께 즐기기를 권유하는 것이다. 우리는 그를 우선은 동료로 맞이한다. 그러므로 웃는 사람에게는, 적어도 겉으로는 친절함과 싹싹한 쾌활함이 있으며, 이것을 고려하지 않는 것은 잘못일 것이다. 특히 웃음 속에는 흔히 눈에 띄는 **긴장 이완**^{détente}의 운동이 있으며, 우리는 그 원인을 규명해야만 한다. 우리들의 마지막 예들에서보다 이러한 인상이 더 잘 드러나는 곳은 없으며 또 바로 이것들 속에서 우리는 역시 그 설명을 찾을 수 있다.

희극적 인물이 자신의 생각을 기계적으로 쫓아갈 때, 그는 결국 그가 꿈꾸는 것처럼 사고하고, 말하고, 행동하게 된다. 그런데 꿈은 긴장의 이완이다. 사물이나 사람과 정당한 관계를 유지하고, 실제로 있는 것만을 보고, 현재 일어나고 있는 것만을 생각하는 것은 지적인 긴장의 부단한 노력을 요구한다. 양식은 이러한 노력 자체이며 노동인 것이다. 그러나 실제적 사물로부터 유리되면서, 여전히 그 이미지를 지각하며, 논리와의 관계를 끊고도 관념을 짜 맞추는 것은 단지 놀이이며 오히려 게으름인 것이다. 희극적 부조리는 우리에게 무엇보다도 관념의 놀이라는 인상을 준다. 우리의 마음속에 일어나는 첫 충동은 이 놀이에 가담하는 것이다. 왜냐하면 이것은 사고하는 피곤함으로부터 우리를 해방시키기 때문이다.

　우리는 우스꽝스러운 것의 다른 많은 형태에 관해서도, 같은 말을 할 수 있을 것이다. 희극적인 것의 밑바닥에는 안이한 비탈길을 따라 미끄러져 내려가도록 자신을 내맡기는 경향이 있다고 말했으며, 이것은 대부분의 경우 습관의 비탈길이다. 습관의 세계에서 사람은 자기가 그 일원인 사회에 끊임없이 적응을 계속하기 위해 더 이상 노력하지 않는다. 즉 삶을 영위하기 위하여 필요했던 주의로부터 이완되는 것이다. 이렇게 희극적 인물은 다소간 방심한 사람의 모습을 닮는다. 이 경우 지성의 방심보다는 의지의 방심이 보다 문제되며 결국 이것은 게으름인 것이다. 사람은 조금 전의 경우에서 논리와 관계를 끊었듯이 이제 사회적 관습과도 유대를 끊는다. 결국 그는 유희를 하는 사람의 인상을 지니게 된다. 이때에도 우리의 마음에서의 첫 충동은 이 게으름에의 초대를 받아들이는 것이다. 적어도 한 순간이나마 우리는 유희에 참여한다. 이것 역시 삶의 피곤함을 풀어 주는 것이다.

　그러나 우리는 한 순간만 휴식을 취할 뿐이다. 희극적인 것의 인상 속에 들어 올 수 있는 공감은 아주 쉽게 사라지는 공감인 것이다. 즉 공감 역시 방심에서 오는 것이다. 이것은 마치 아주 엄격한 아버지가 어떤 때는 깜빡 자기 자신을 잊어버리고 아이의 장난에 끼어들었다가 이내 장난을 교정하기 위해 그만두는 것과 같은 것이다.

무엇보다도 먼저 웃음은 교정이다. 창피를 주기 위해 만들어진 웃음은 그 대상인 사람에게 고통스러운 느낌을 주어야만 한다. 사회는 웃음으로써 사람이 자신에 대해 취했던 자유에 대해 복수를 하는 것이다. 웃음이 만일 공감과 선의의 모습을 띤다면 이러한 목적을 달성하지 못할 것이다.

이 말은 웃음의 의도는 어쨌든 선할 수 있는 것이고, 종종 우리는 사랑하기 때문에 벌을 주며, 그래서 웃음은 우리의 최고선을 위해서 어떤 결점이 밖으로 드러나는 것을 억압함으로써 이 결점 자체를 고치고, 내적으로 개선되도록 우리를 인도하는 데 있다는 사실을 의미하는 것일까?

이 점에 관해서는 할 말이 많으리라. 일반적으로 그리고 대체적으로 웃음은 의심할 바 없이 유용한 기능을 행사한다. 더욱이 우리의 모든 분석은 이것을 논증하려는 데 있었다. 그러나 이러한 사실로부터 웃음이 언제나 정곡을 찌른다거나, 호의나 나아가서는 공정성의 사유에 의해 영감을 받는다고 결론지을 수는 없는 것이다.

언제나 정곡을 찌르기 위해서는 웃음에 앞서 반성 작업이 선행되어야만 한다. 그런데 웃음이란 단순히 자연에 의해, 결국은 같은 말이지만 사회생활의 아주 오랜 습관에 의해 우리에게 형성된 기제의 결과인 것이다. 이것은 독자적으로 일어나며 진짜로 잽싸게 반격하는 것이다. 그래서 매번 어디를 맞혔는지를 볼 여유를 갖고 있지 않는 것이다. 웃음은 마치 병이 어떤 무절제를 벌주는 것과 거의 비슷하게 일정한 결점을 징계한다. 왜냐하면 병이란 대개 병을 앓을 이유가 없는 사람을 덮치고, 병을 앓아 마땅한 사람을 면제해 주면서, 사람 개개인의 경우를 따로따로 심사하지 않고 일반적 결과를 겨냥하기 때문이다. 의식적인 반성 작용에 의하지 않고 자연스러운 방식으로 이루어지는 모든 것은 이와 같다. 정의의 평균치는 세세한 개체적인 경우에서가 아니라, 전체적인 결과 속에서 나타날 수 있다.

이런 의미에서 웃음은 절대로 공정할 수 없다. 그리고 다시 한번 말하거니와 선한 것도 아니다. 웃음은 상대방에게 창피를 줌으로써 겁을 집어먹게 하는 기능을 갖고 있는 것이다. 만일 자연이 이러한 목적을 위해 우리들 중에서 가장 선한 사

람에게까지도 짓궂음이나 최소한 놀림의 흔적을 남겨놓지 않
았더라면 웃음이 이런 일을 하는 데 성공하지는 못할 것이다.
아마도 이 점에 관해 너무 깊이 파헤치고 들어가지 않는 게 좋
을 듯하다. 그 이유는 우리에게 크게 기분 좋은 것을 발견하지
는 못할 것이기 때문이다. 긴장 이완과 감정 노출의 변화는 웃
음의 전조에 불과한 것이며, 웃음을 터뜨리는 사람은 이내 자
기 스스로에게 되돌아와서 자신을 다소 오만하게 평가하고 다
른 사람을 자기가 그 줄을 쥐고 있는 꼭두각시로 보려고 한다
는 사실을 우리는 알 수 있을 것이기 때문이다. 게다가 우리는
이 자만심에서 약간의 이기주의를, 그리고 이 이기주의 뒤에
서 보다 덜 솔직하고 더 신랄한 어떤 것, 웃음을 터뜨리는 사람
이 그의 웃음을 분석할수록 생겨나는, 더욱 더 확실해지는 정
체불명의 비관론의 탄생을 이내 분별해 낼 수 있는 것이다.

　여기서도 다른 데서와 마찬가지로 자연은 선을 위해 악을
사용한다. 우리가 이 연구를 통해 관심을 기울인 것은 특히 선
의 부분이다. 이제까지의 연구로 사회가 개선되면 될수록 사
회는 그 구성원으로부터 보다 큰 적응의 유연성을 얻어 내고
그 기초에 있어서 점점 더 잘 균형을 유지하며, 그 표면에 있는
상당한 양의 혼란의 요소를 추방한다는 것을 그리고 웃음은

이러한 파동의 형태를 강조함으로써 유용한 기능을 수행하고 있음을 우리는 보았다.

이렇게 심연에서는 깊은 평화가 자리 잡고 있는 동안, 바다의 표면에서는 파도들이 쉬지 않고 싸우는 것이다. 파도들은 서로 부딪치고 밀치면서 균형을 찾는다. 가볍고 유쾌한 하얀 물거품이 그들의 변화하는 형태를 좇아 일어난다. 때때로 쫓기는 물결이 모래사장에 약간의 거품을 남겨 놓기도 한다. 가까이서 노는 어린이는 다가와 한 줌의 거품을 모으려다가 이내 손바닥에 물방울 몇 개만이 남아 있는 걸 보고 어리둥절하리라. 그러나 이 물방울은 그것을 몰고 온 파도의 그것보다 훨씬 짜고 씁쓸한 것이다. 웃음은 이 물거품처럼 생긴다. 그것은 사회생활의 표층에 있는 가벼운 저항을 지시한다. 그것은 순간적으로 이 동요의 변화하는 형태를 그린다. 그것 역시 염분기가 있으며 또 거품이 인다. 그것은 유쾌함 자체이다. 그러나 맛을 보기 위해 그것을 모으는 철학자는 이 소량 속에 때때로 쓴맛이 조금 섞여 있음을 알게 되는 것이다.

희극의 정의와 이 책에서 사용된 방법에 관하여

『르뷔 뒤 무아』[1]에 실린 흥미로운 글에서 이브 들라주[2] 씨는 희극에 대한 우리의 개념에 그가 택한 정의를 대립시켰다. "어떤 것이 희극적이기 위해서는 원인과 결과 사이에 부조화가 있어야만 한다." 들라주 씨를 이 정의로 이끈 방법은 희극에 대한 이론가의 대부분이 따른 것이기 때문에 어느 지점에서 우리의 방법이 이것과 다른지를 밝히는 것이 무의미하지는 않은 듯하다. 그래서 우리는 같은 잡지[3]에 실린 답변의 요지를 다시 싣는다.[4]

"희극은 밖으로 드러나 보이는 몇몇의 일반적 특성에 의해

---

1   [원주] 『르뷔 뒤 무아Revue du Mois』 1919년 8월 10일; XX권, p. 337 이하.

2   Yves Delage (1854~1920), 프랑스의 생물학자.

3   [원주] 위의 잡지 1919년 11월 10일 : XX권, p. 514 이하.

4   베르그손은 1924년 출판된 『웃음』의 23판에 새로운 서문과 부록을 덧붙인다. 부록의 목적은 그간 자신의 책에 대한 다양한 서평과 논평에 답하기 위해서이다. 이를 위하여 이브 들라주의 평론에 대한 답변으로 출판하였던 글의 일부를 발췌하였는데 원래는 베르그손이 들라주에게 보내는 편지 형식의 반론이었다.

정의될 수 있으며, 이러한 특성의 결과를 여기저기서 모아 볼 수 있을 것이다. 이러한 유의 정의들이 아리스토텔레스 이래 제안되어 왔으며 필자의 정의도 이러한 방법에 의해 얻어진 것으로 보인다. 필자는 원을 하나 그린 다음, 임의로 선택한 희극적 효과가 그 속에 포함된다는 것을 밝히고 있다. 문제의 특성들이 혜안의 관찰자에 의해 지적된 이상, 그것들이 희극적인 것에 속한다는 것은 의심의 여지가 없다. 그러나 나는 그런 것들을 희극적이지 않은 것 속에서도 흔히 발견할 수 있으리라고 믿는다. 정의는 일반적으로 너무나 폭이 넓다. 그것은 정의를 해야 할 주제에 있어서 요구 중의 하나를 만족시킨다. 그리고 이것만으로 이미 상당한 것임을 나는 인정한다. 그러나 나는 그것이 몇몇 **필요**조건을 지시하기는 하지만, 채택된 방법의 **충분**조건을 주리라고는 믿지 않는다. 그 증거는 이러한 여러 정의들이 같은 것을 말하고 있지 않음에도 불구하고 동등하게 받아들일 수 있다는 점이다. 그리고 특히 그것들 중의 어느 것도 내가 알기에는 정의된 대상을 구성하는, 즉 희극적인 것을 만드는 방법을 제공해 주지 못한다는 사실이다.[5]

---

5 [원주] 우리는 이 책의 곳곳에서 이러저러한 정의들의 불충분함을 간략하게 밝힌 바 있다.

내가 시도한 것은 전혀 다른 것이다. 나는 희극이나 소극, 익살 광대 등의 기법에서 희극적인 것이 **만들어지는 방식들**을 찾았다. 나는 이러한 방식들이 보다 일반적인 주제의 많은 변이들이었음을 발견했다고 믿는다. 나는 단순화하기 위해 이 주제를 지적했다. 그러나 중요한 것은 그 변형된 모습들이다. 주제는 그것이 어떠한 것이든 일반적 정의를 제공하고 이것은 희극적인 것을 구성하는 규칙이 된다. 다른 방식으로 얻어진 정의들이 너무 넓듯이 이렇게 얻어진 정의는 첫눈에 너무 좁은 듯이 보일 위험이 있음을 인정한다. 이것이 좁게 보이는 이유는 그 본질상, 그 자체로, 그리고 그 내적 구조의 특성으로 인해 우스꽝스러운 것 말고도 이것과의 어떤 표면적인 유사성에 의해 또는 후자와의 우연적인 관계 등에 의해 우스꽝스러운 것이 부지기수이기 때문이다. 희극적인 것의 새로운 전개는 끝이 없다. 왜냐하면 우리는 웃기를 좋아하며, 그러기 위해서는 어떤 구실도 좋기 때문이다. 이 경우 관념 연합의 작용은 극도로 복잡한 법이다. 그 결과 이러한 방식으로 희극적인 것의 연구를 착수하는 심리학자는, 즉 희극적인 것을 하나의 공식에 가둠으로써 일단 희극적인 것이 무엇이라는 결말을 짓지 않고, 끊임없이 새로이 제기되는 수많은 어려운 문제들과 일일이 씨름해야 하는 심리학자는 언제나 희극적인 것의 모든 사례를 고찰하지 않았다는 이야기를 듣기 쉽다. 그가 사람들이 그의 이론에 대립시키는 예에 자기 이론을 적용해서 그것이 그 자체로서 희극적인 것과의 유사성에 의해 희극적인 것이 된다는 것을 증명하면, 사람들은 쉽게 다른 것을 갖다 대고, 이런 식으로 끊임없이 나아갈 것이다. 그래서 그는 끊임없이 작업해야만 할 것이다. 그러나 그는 희극적인 것을 다소 넓은 원에 가두는 대신 그것이 무엇인가를 포착하게 될 것이다. 그가 성공하게 될 경우 희극적인 것을 구성하는 방식을 제시할 수 있게 되는 것이다. 그는 학자의 엄정성과 정확성을 가지고 연구를 진전시킬 것이다. 학자는 어떤 사물에 이러저러한 형용어구를 부가했다고 해서 그것이 아무리 올바른 것이라 해도 그 사물의 지식에 있어서 진전했다고 믿지 않는 법이다(왜냐하면 적절한 다른 많은 수식어들을 언제나 찾을 수 있기 때문이다). 필수적인 것은 분석이며, 우리가 재구성의 방도를 갖고 있을 때 분석이 완전했음을 확신할 수 있는 것이다. 이것이 바로 내가 시도한 기획이었다.

　나는 우스꽝스러운이 만들어지는 방식을 결정하기를 원했던 동시에 사회가 웃을 때 그 의도가 무엇인지도 찾으려고 했음을 덧붙인다. 왜냐하면 사람이 웃는다는 것은 아주 놀라운 것으로서 위에서 내가 비판한 설명 방식들은 이 조그만 신비를 해명하지 못하기 때문이다. 이들의 입장에 따르면 다른 수많은 속성들이나 장점, 결점들이 그것을 보는 사람의 안면 근육에 아무런 감동을 주지 않는 데 반해서, 예컨대 왜 '부조화'가 부조화 자체로서 웃음과 같은 특수한 표현을 그것을 보는 사람에게 유발하는지 알지 못하게 된다. 그러므로 희극적 효과를 주는 **부조화의 특별한 원인이 무엇인가**를 탐구하는 일이 남아 있는 것이다. 그러한 경우에 사회가 자기표현을 하지 않을 수 없다고 느끼는 원인이 무엇인가를 설명할 수 있다면, 그 원인을 실제로 찾은 것이 될 것이다. 희극적인 것의 원인에는 사회생활을 경미하게 침해하는 (그리고 **특이하게** 위배되는) 무엇이 있음이 틀림없다. 왜냐하면 사회는 방어적 반사 작용처럼 보이는 제스처로, 조금 겁을 주려는 행동으로 이것에 응답하기 때문이다. 나는 이 모든 것을 고려하고자 했던 것이다."

I. 초판본 참고문헌

Bain, Alexandre, *Les Emotions et la Volonté*, 프랑스어 번역본, 1885, p. 249 이하.

Courdaveaux, Victor, *Le Rire dans la Vie et dans les Arts, coll. Etudes sur le comique*, 1875.

Dumont, Léon, *Théorie Scientifique de la Sensibilité*, 1875, p. 202 이하.

───── , *Les Causes du Rire*, 1862 참조.

Hecker, Edwald, *Physiologie und Psychologie des Lachens und des Komischen*, 1873.

Heymans, Gerard, "Zur Psychologie der Komik" (*Zeitschrift für Psychologie und Physiologie der Sinnesorgane*, vol. XX, 1899).

Kraepelin, Emile, "Zur Psychologie des Komischen" (*Philosophische Studien*, vol. I, 1885).

Lacombe, Paul, "Du comique et du spirituel" (*Revue de métaphysique et de morale*, 1897).

Lipps, Theodore, *Komik und Humor*, 1898.

───── , "Psychologie der Komik" (*Philosophische Monatschefte*, vol. XXIV,

───

6 베르그손은 참고문헌을 발행 연도순으로 싣고 있다. 여기서는 1900년의 초판에 실
   린 참고문헌과 1924년 23판에 추가된 문헌을 구분하고, 부정확한 서지 정보를 보완
   하여 저자 순서대로 싣는다.

XXV) 참조.

Mélinand, Camille, "Pourquoi rit-on?" (*Revue des Deux-Mondes*, février 1895).

Penjon, Auguste, "Le rire et la liberté" (*Revue philosophique*, 1893, t. II).

Philbert, Louis, *Le Rire : Essai littéraire, morale et psychologique*, 1883.

Ribot, Théodule, *La Psychologie des Sentiments*, 1896, p. 342 이하.

Spencer, Herbert, *Physiologie du Rire in Essais*, 프랑스어 번역본, 1891, vol. I, p. 295 이하.

Stanley Hall, Granville & Allin, Arthur, "The psychology of laughing, tickling and the comic" (*American Journal of Psychology*, vol. X, 1897).

II. 23판(1924)에 추가된 참고문헌

Baldensperger, Fernand, "Les définitions de l'humour" (*Etudes d'histoire littéraire*, 1907, vol. I).

Bawden, Henry Heath, "The comic as illustrating the summation-irradiation theory of pleasure-pain" (*Psychological Review*, 1910, vol. XVII, p. 336-346).

Bergson, Henri, "A propos de la nature du comique, Réponse à l'article précédent." (*Revue du mois*, 1919, vol. XX, p. 514-517). 부록에 일부가 재수록됨.

Cazamian, Louis, "Pourquoi nous ne pouvons définir l'humour" (*Revue germanique*, 1906, p. 601-634).

Delage, Yves, "Sur la nature du comique" (*Revue du mois*, 1919, vol. XX, p. 337-354).

Dugas, Ludovic, *Psychologie du rire*, 1902.

Eastman, Max, *The sense of humor*, 1921.

Freud, Sigmund, *Der Witz und seine Beziehung zum Unbewussten*, 1905 ; 2판, 1912.

Gautier, Paul, *Le Rire et la Caricature*, 1906.

Hollingworth, "Judgements of the Comic" (*Phychological Review*, vol. XVIII, 1911, p. 132-156).

Kallen, Horace Meyer, "The aesthetic principle in comedy" (*American Journal of Psychology*, vol. XXII, 1911, p. 137-157).

Kline, L. W., "The psychology of humor" (*American Journal of Psychology*, vol. XVIII, 1907, p. 421-441).

Martin, Lillien Jane, "Psychology of Aesthetics: An experimental prospecting in the field of the comic"(*American Journal of Psychology*, 1905, vol. XVI, p. 35-118).

Meredith, George, *An Essay on Comedy and the Uses of the comic Spirit*, 1897.

Schauer, "Über das Wesen der Komik" (*Archiv für die gesamte Psychologie*, vol. XVIII, 1910, p. 411- 427).

Sully, James, *An Essay on Laughter*, 1902 (프랑스어 번역본. L. et A. Terrier : *Essai sur le Rire, ses Formes, ses Causes, son Développement et sa Valeur*, 1904).

Ueberhorst, Karl, *Das Komische*, 1899.

1993년 판 옮긴이의 말

이 책은 앙리 베르그손(Henri Bergson, 1859-1941)의 『웃음, 희극적인 것의 의미에 대하여$^{Le\ rire,\ Essai\ sur\ la\ signification\ du\ comique}$』(Presses Universitaires de France, Paris, 1969년 판(273판))을 옮긴 것이다. 불어판 이외에 영어판 *Comedy*(Doubleday Anchor Books, New York 1956), 독어판 *Das Lachen*(Deutsch von Jalitus Frankenberger und Walter Fränzel, 1921, Jena)을 참조하였다.

1900년에 단행본으로 나온 이 책은 『의식에 직접적으로 주어진 것에 대한 시론$^{Essai\ sur\ les\ données\ immédiates\ de\ la\ conscience}$』(1889), 『물질과 기억$^{Matière\ et\ mémoire}$』(1896)에 이은 베르그손의 세 번째 저서로서, 그의 가장 유명한 저서인 『창조적 진화$^{L'évolution\ créatrice}$』(1907)보다 7년 앞서 간행되었다. 그러나 이 책의 내용이 최초로 공중에 공개된 것은 1884년으로 거슬러 올라간다. 프랑스 지성의 요람인 고등사범학교$^{Ecole\ Normale\ Supérieure}$를 졸업한 청년 베르그손은 1883년 파스칼^{Pascal}과 테이야르 드 샤르댕^{Teilhard}

*de Chardin*의 고향인 프랑스 중부 도시 클레르몽 페랑*Clermond Ferrand*의 고등학교 철학교수로 부임한다. 그리고 이듬해에 그는 "웃음, 사람은 무엇에 대해 웃는가? 왜 웃는가?"*Le Rire, De quoi rit-on? Pourquoi rit-on?*라는 주제의 매혹적인 강연으로 청중을 사로잡았다.

이 책에 전개된 웃음의 이론에 대한 소개는 정말 군소리가 될 듯하다. 명석한 분석, 우아한 문체의 이 흥미진진한 책을 한번 읽으면 모든 것이 분명해질 것이기 때문이다. 다만 한 가지만 지적하기로 하자. 그것은 웃음이라는 조그만 인간 현상에 대한 베르그손의 분석의 시점이 그의 온 철학을 지배하고 있는 이원론적 방법론과 원리에 완전히 일치하고 있다는 사실이다. 그는 양과 질, 공간과 시간, 연장적인 것*l'étendu*과 비연장적인 것, 한마디로 물질적 질서와 생명적 질서를 엄격히 구분한다. 그리고 그의 철학은 생명적 질서가 어떻게 물질적 질서와 조화하고 상충하며 또는 그것을 극복하는가를 보여 주고 있다. 이때 물질적 질서와 생명적 질서가 어떤 차원에서, 어떤 의미로 규정되느냐에 따라 그의 이론은 자유론에서의 표층 자아*le moi superficiel*와 심층 자아*le moi profond*, 인식론에서의 지성과 직관, 그리고 도덕과 종교론에 있어서의 "닫힌 사회"와 "열린 사회", "정적 종교"와 "동적 종교"의 이론을 형성한다. 그런데 웃음에 있어서 그는 웃음의 원인을 "생명적인 것에 덧붙여진 기계적인 것"으로 정의하고 웃음의 의미를 이러한 기계적인 것에 대한 일종의 사회적 징벌로 파악한다. 과학주의적 결정론이라는 골리앗을 물리칠 다윗의 운명을 받고 태어난 베르그손은 여기서도 그의 사명을 완수하는 것이다.

그러나 이 책은 단순히 웃음에 관한 저서는 아니다. 이 책, 특히 3부는 베르그손의 예술론에 해당한다. 과학적 분석과 함께 예술적 직관을 누구보다도 강조한 그의 철학이 20세기 초반기의 프랑스 문학과 예술에 끼친 영향은 실로 깊고도 넓은 것이었다. 이러한 영향의 원인은 합리주의에 대한 당대의 점증하는 불만과 비판을 베르그손이 가장 독창적이고 설득력 있는 언어로 대변했다는 사실에서 찾을 수 있다. 그는 동적인 현상을 고정화하고, 생명을 무생명적인 것으로 환원해서만 파악하는 지성적 인식의 상대성과 허구성을 밝히고, 보다 심오한 실재로서의 생명의 지속과 그 약동의 세계는 오직 직관에 의해서만 인식될 수 있다고 주장한다. 이처럼 우주가 베르그손 철학에 의해 다시 새롭고 신비롭게 나타나자, 이에 영감을 받

은 예술가들은 너도나도 저 전인미답의 비경秘境을 향해 희망
찬 탐험의 길을 나섰던 것이니, 프루스트Proust, 페기Péguy, 클로
델Claudel, 상징주의자들, 그리고 작곡가 드뷔시Debussy가 특히 베
르그손에 깊은 영향을 받은 것으로 평가되고 있다. 이 책의 3
부에서 우리는 베르그손의 이러한 중심 사상에 근거한 그의
미적 직관론과 예술 일반에 관한 통찰을 대할 수 있다.

베르그손처럼 생시에 최고의 영광과 인기를 누린 철학자
는 일찍이 없었다. 사르트르Sartre의 실존주의가 그의 문학 작품
에 힘입어 오늘날 광범한 공감의 물결을 불러일으킨 것은 사
실이나, 베르그손 철학이 누린 열광에는 도저히 필적할 수 없
는 것이었다. 그의 이러한 성공은 어디에서 기인하는가? 20세
기 초반기의 사상계를 지배한 과학주의, 실증주의는 결국 우
주적 결정론과 유물론을 내세웠으니, 이들이 우리에게 제시
한 인간과 우주의 모습은 한없는 우울과 삶의 무의미를 강요
하는 비관론을 내포하고 있었다. 우주는 하나의 거대한 사체死
體로 변하고, 생명과 정신까지도 필경은 물질을 지배하는 필연
의 법칙에 얽매이게 됨으로써, 인간은 정신의 특권과 고유한
존재 의의를 박탈당한 채, 물리적 법칙에 놀아나는 허망한 그
림자로 변해 버린 것이다. 이처럼 과학주의에 의해 빙하처럼

얼어붙은 세계, 생명의 불꽃이 완전히 꺼져 버린 암흑의 우주에 태양은 솟아올랐다. 그리고 베르그손 철학의 광망光汒 속에서 만유萬有는 다시 꿈틀거려 찬연히 빛나기 시작한다. "지속의 상相 아래서$^{sub\ specie\ durationis}$" 바라본 우주는 다시 생명이 그윽하게 파도치는 장려한 파노라마로 변하고, 그 속에서 인간은 자유하며 창조하고, 그리하여 삶의 환희를 종달새처럼 노래하기 시작한 것이다. 되찾은 영혼, 되찾은 시간, 되찾은 자연과의 저 보들레르적 교감, 그리고 마지막으로 되찾은 신, 이것이 베르그손의 개방과 희망의 철학이 갖는 시대적 의미이다. 우리는 이 책의 곳곳에서 그의 지속과 기억, 그리고 삶의 이론에 대해 비록 체계적이지는 않으나, 매우 유익한 지식과 시사를 얻을 수 있을 것인바, 이것은 실존철학의 불안과 고독과 부조리와 죽음의 분위기에 짓눌려, 정처 없이 헤매는 현대인의 의식에 어쩌면 한 가닥 청풍清風이 될지도 모른다.

베르그손의 저서는 노벨 문학상(1927)을 탈 정도로 현대 프랑스 산문의 최고봉의 하나를 이루고 있다. 그의 문체는 때론 바이올린의 선율처럼 감미롭게 흐느끼는가 하면, 심산유곡의 옥수玉水처럼 투명하고, 기막힌 상징과 비유는 문장에 형용

할 수 없는 신비한 색감을 부여해 나의 무딘 언어 감각으로는 그 묘의妙意를 꼭 집어 옮길 수가 없었음을 고백한다. 또한 단시일에 끝낸 번역이 되어서 좀 더 가다듬지 못한 아쉬움이 남는다. 그리고 번역이 끝나고 이 책에 숱하게 등장하는 작가와 작품, 주인공에 주를 다는 일 역시 수월치가 않았다. 작가의 경우에는 별 문제가 없었으나, 작품과 주인공은, 그들이 어느 작가의 어느 작품에 나오는가를 확인하는 것이 매양 쉽지만은 않은 일이었기 때문이다. 원칙적으로 이 책에 나오는 모든 작가와 작품에 아주 간략한 주를 달았으나, 미진한 느낌은 남는다. 웃음은 본질적으로 상황의 소산이다. 따라서 실례로 든 작품의 상황이 구체적으로 어떤 것인가를 밝혀야 주석이 완벽할 것이나, 그러려면, 일일이 수많은 작품을 읽어야 하는 일거리가 생기고, 이것은 나로서는 그만둘 수밖에 없는 성질의 것이었다. 번역의 계약을 해놓고 터무니없이 늑장을 부리는 나에게 군소리 한 마디 없이 조용하게 기다려 준 종로서적이 고맙다. 그리고 학구의 바쁜 나날 속에서 미심쩍은 곳은 일일이 원문과 대조해 가며 꼼꼼하게 원고를 정리해 준 성대 대학원 철학과생 류지석의 노고를 잊지 못한다.

개정판 옮긴이의 말

　　1884년 2월 18일 저녁, 프랑스 중부 오베르뉴 지방의 클레르몽 페랑 대학의 대강의실에 많은 사람이 모여들었다. 이날의 강연이 "우리는 무엇에 대해 웃는가? 왜 웃는가?"라는 흥미로운 주제를 다루었기 때문이다. 사람은 누구나 웃지만 사실 왜 웃는지에 대하여 깊이 생각해본 적은 없었기에 강연의 제목은 많은 사람의 관심을 끌기에 충분했다. 강연자는 특유의 카랑카랑한 목소리로 그러나 차분하게 강연을 시작했다. 그는 처음부터 재미있는 이야기로 청중의 주의를 집중시켰고 참석자들은 점점 강연의 내용에 매료되어 시간 가는 줄 모르고 즐겁게 그의 강연을 들었다. 한 지방 신문에 실린 이 강연에 대한 기사를 보면 사람들은 몰리에르와 세르반테스, 오지에와 라비슈의 작품들을 여행하면서 웃음에 대한 재미있는 사례와 강연자의 명료한 논리에 매료되었고, 이날의 강연은 큰 성공을 거두었다고 한다.

이날의 강연자는 한 해 전에 블레즈 파스칼 고등학교의 철학교수로 부임했고 며칠 전에 클레르몽 페랑대학의 전임강사로 겸직 발령을 받은, 24살의 전도유망한 젊은 철학자 앙리 베르그손[7]이었다. 이날 베르그손은 웃음을 유발하는 희극적 요소는 사람들의 갑작스럽게 중단된 행동의 결괴이거나 공감의 효과라고 이야기하였는데, 16년 후에 출판할 책에서 전개될 치밀한 분석의 실마리를 찾을 수 있다. 그러나 베르그손은 『웃음』을 오랜 시간의 숙고와 집필 그리고 퇴고를 거쳐서 발표하였다.

그의 세 번째 저서인 『웃음』은 그 주제도 철학적으로 보이지 않거니와 상대적으로 얇은 책의 분량으로 볼 때도 베르그손의 저서 중에서 부차적이고 그 중요성도 떨어지는 것처럼

---

7 철학에 관심 있는 독자라면 'Bergson'이 우리말에서 여러 가지로 표기되는 것을 볼 수 있었을 것이다. 이 책에서는 '베르그손'으로 표기한다. 오랫동안 '베르그송'으로 표기해왔으나 이 표기는 프랑스어의 발음 규칙에 따른 표기이긴 하지만 현지의 발음과는 거리가 있다. 고유명사의 경우 그러한 규칙을 따르지 않는 경우가 많기 때문이다. 그래서 이 책의 초판본 번역자인 김진성 교수가 처음으로 좀 더 프랑스어 발음에 가깝게 '베르그손'으로 표기하기 시작했다. 베르그손의 표기 문제에 관해서는 다음의 책 앞부분에 자세히 설명되어 있으므로 참고하기 바란다. 황수영, 『물질과 기억, 시간의 지층을 탐험하는 이미지와 기억의 미학』(그린비, 2006), 12-14.

보인다.[8] 잘 알려져 있지 않지만 베르그손 스스로도 『웃음』을 "철학적이기보다는 문학적인" 책이라고 언급한 적이 있다. 외견상으로는 이 책에 등장하는 수많은 희극 작품들을 보면 이러한 설명이 맞는 것 같다. 그러나 좀 더 자세히 이 책의 내용을 살펴보면 베르그손 철학의 핵심적인 내용들이 그 안에 자리 잡고 있으며, 베르그손의 다른 저서들과 밀접하게 연결되어 있음을 알 수 있다.

여기서는 『웃음』의 시대적 배경과 베르그손 철학의 발전과정과 연관된 몇 가지 점을 설명함으로써 초판 옮긴이의 말을 보완하고 이 책에 대한 독자의 이해를 돕고자 한다. 먼저 '희극적인 것의 의미에 대하여'라는 부제에서 보듯이 웃음이라는 현상을 분석하기 위하여 베르그손은 많은 희극 작품을 활용한다. 베르그손이 이 책을 구상하고 집필하던 시기는 벨 에포

---

8   베르그손은 많은 저서를 출판한 철학자는 아니다. 이 책에 덧붙인 연혁에서 볼 수 있듯이 그는 생전에 모두 8권의 책을 내놓았다. 그의 사상적 전개 과정에서 핵심적 위치에 있는 네 권의 주저는 『의식에 직접 주어진 것들에 관한 시론』(1889), 『물질과 기억』(1896), 『창조적 진화』(1907)와 『도덕과 종교의 두 원천』(1932)이다. 그리고 『웃음』(1900)과 상대성 이론에 대한 철학적 분석으로 논쟁의 대상이 되었던 『지속과 동시성』(1922), 강연과 논문을 모은 『정신적 에너지』(1919)와 『사유와 운동자』(1934)가 있다.

크^{Belle Epoque}⁹라고 부르는 평화와 풍요의 시대였다. 우리가 인상주의 화가의 그림에서 자주 볼 수 있는 것처럼 당시에는 파리와 같은 근대화된 대도시를 중심으로 대중이 다양한 공연을 관람하며 여가를 즐겼다. 고전극은 물론이고 보드빌과 같은 통속극은 대중이 가장 쉽게 접할 수 있었던 인기 장르였다. 파리에서 뤼미에르 형제가 대중에게 처음으로 영화를 상영한 것이 1895년이었으므로 『웃음』이 집필될 때는 당연히 연극의 시대였다. 그러므로 이 책이 출판된 시점을 생각해보면 왜 연극과 희극 작품이 중점적인 분석의 대상이 되었는가를 쉽게 이해할 수 있을 것이다.

『웃음』을 이끌어가는 핵심적 내용을 하나 고르라고 한다면 바로 희극적인 것은 "생명적인 것에 덧붙여진 기계적인 것"이라는 문장일 것이다. 베르그손은 인간의 삶이 가지는 연속성과 변화에 끼어든 침입자로 삶에 대한 주의를 잃어버리거나

---

9 벨 에포크라 불리는 시기는 프로이센-프랑스 전쟁이 끝난 후부터 제1차 세계대전이 발발하기 전까지의 시기, 정확히는 1871년부터 1914년까지를 가리킨다. 프랑스의 역사에서 보면 1870년에 시작된 제3공화국의 시기이며 낙관주의, 경제적 풍요, 제국주의와 식민주의, 과학기술 문명의 발전 그리고 문화와 새로운 예술의 변혁으로 특징지워질 수 있는 때이다.

방심 때문에 생기는 기계주의 내지 자동주의를 들고 있다. 『의식에 직접 주어진 것들에 관한 시론』에서 베르그손은 과학적 시간에 대비하여 지속이라고 부른 내적인 시간은 결정론적 방식으로는 이해될 수 없고, 우리 의식의 존재론적 기층은 자유 내지 자발성이므로 결정론이나 기계론의 틀로는 설명될 수 없음을 강조한다.

정신과 몸의 관계를 해명하려는 『물질과 기억』에서는 우리 의식장의 양극인 꿈과 행동 사이에는 아주 다양한 국면이 있으며 행동의 문제는 우리 몸의 역할과 연결되어 있다는 점을 강조한다. 인간존재의 내면적 구조는 순수의식인 기억의 층과 행동의 층 등 이중적 형태로 이루어져 있는데, 전자는 인간의 정신의 기층을 이루는 순수기억으로 이루어져 있고 후자는 신체의 존재방식을 나타내는 감각-운동체계로 구성되어 있다. 자연은 내적이든 외적이든 작용과 반작용하는 운동 속에 있다. 그러나 생명체와 물질은 그 반응 방식이 다르다. 물질은 결정론적인 관점에서 설명될 수 있으나 생명체는 정도의 차이는 있지만 그런 방식으로 설명될 수 없다. 우리의 몸은 외부의 자극에 대하여 직접적 방식으로 도출되는 예측 가능한 반작용을 하는 것이 아니라, 반사적 행동을 할 것인가 또는 외부의 작용을 분석하여 자발적 행동을 준비할 것인가를 결정하는 '비결정성의 중심'이기 때문이다. 여기서도 베르그손은 단호하게 기계론적 시각을 배척한다.

『창조적 진화』에서는 『시론』의 관점을 확장하여 지속과 생명을 우주적 차원에서 고찰하고 인간의 인식능력도 생명의 역사 속에서 형성된 것이므로 발생학적 접근을 통하여서만 밝혀질 수 있다고 말한다. 이를 위하여 베르그손은 진화론과 생물학에 관한 방대한 양의 문헌을 참고하고 기존의 모든 진화이론의 장단점을 제시한다. 그의 진화론 분석이 내포하고 있는 비판의 표적은 기계론과 목적론의 관점에 근거한 진화론이다. 베르그손은 생명의 진화가 과거의 동인에 의하여 기계적으로 이루어지는 것으로 파악하는 기계론을 거부하는데, 생물학적 기계론의 근본적 한계는 생명의 역사가 어떤 방식으로 전개되는지를 설명하지 못하기 때문이다. 이렇게 볼 때 『웃음』을 관통하고 있는 중심 개념은 베르그손의 다른 저작과 밀접한 관계 속에 있음을 알 수 있다.

베르그손의 『웃음』에서 드러나는 또 다른 특징은 그 이전의 학자들처럼 심리적인 분석에 머무르지 않고 사회적이고 도덕적 차원에까지 확장하여 웃음이라는 문제에 접근하고 있다는 점이다. 베르그손에 따르면 인간은 집단 속에서 함께 살아가야 하는 삶의 요구에 유연하게 응해야 하는데 방심이나 경직성 때문에 개인적이나 집단적 차원에서 제대로 이러한 요구에 부응하지 못할 때, 이러한 결점에 대한 즉각적인 교정을 요구하는 징벌이 바로 웃음이라는 것이다. 이러한 베르그손의 접근은 『도덕과 종교의 두 원천』에서 제시된 사회의 보존을 위하여 그 바탕에 금지와 의무를 깔고 일종의 사회적 습관의 형태로 우리에게 주어져 있는 닫힌 도덕의 이념을 떠오르게 한다. 웃음은 궁극적으로 사회 전체의 질서를 유지하고 구성원들을 사회에 귀속시키는 역할을 하는 사회적 유용성을 지니고 있으며 베르그손은 이것을 선을 위하여 악을 사용한다고 표현하고 있다. 그러나 베르그손은 웃음의 대상이 되는 우스꽝스러운 사람과 웃음을 터뜨리는 사람의 관계는 결코 공정하지 않으며 그런 점에서 웃음이라는 현상에는 이기주의의 어두운 그림자가 드리워져 있음을 부인하지 않는다. 『웃음』에서 매력적인 문학적 표현의 문장으로 구성된 결론 부분의 마지막 두 문장이 프랑스어 원문에서 '유쾌함'과 '쓴맛(고통)'으로 끝나는 것은 바로 선과 악의 경계에 놓인 웃음의 이중적 성격을 드러내는 것일지도 모르겠다는 생각이 드는 것도 이러한 이유에서이다.

마지막으로『웃음』에 내재된 베르그손의 예술론에 관하여 언급할 필요가 있겠다. 베르그손은 말년에 자신이 책을 한 권 더 쓴다면 그것은 미학에 관한 책일 것이라고 이야기하였지만, 건강상의 문제로 그것은 불가능한 상황이었다. 따라서 그의 저작에서 예술과 미학에 관한 체계적이고 본격적인 논의를 발견할 수는 없으나 여러 곳에서 예술에 대한 흥미로운 언급을 찾아볼 수 있다. 베르그손에 따르면 예술가는 자신이 표현하고자 하는 대상을 은폐하고 있는 장막의 뒤에 있는 실재의 모습을 드러내는 작업을 한다. 우리의 일상적인 삶 속에서 지각은 행동을 위한 유용성을 제일의 목표로 하지만 예술은 실재에 대한 직접적 투시이며, 이런 점에서 미학적 지각은 현실적 요구로부터 초탈한 태도가 요구된다. 그러나 예술적 창조는 시공간적으로 심리적으로 개별화되어 있다는 점에서 보편성을 지향하는 철학적 직관과는 구별되지만, 실재에 대한 탐색이라는 점에서 지각과 직관의 경계에 있다고 말할 수 있을 것이다. 실제로 우리가 예술품을 보고 공감하고 동일한 감동을 받는 것은 어떤 보편적 요소를 받아들이기 때문인데, 베르그손은 그 이유로 천재성이 발현된 작품 속에서 엿보이는 진리와 진지함을 들고 있다.

이 책에 나오는 예술과 예술가에 관한 내용은 또 다른 면에서 우리의 관심을 끈다. 현재 유일하게 남아 있는 베르그손의 육성 녹음이 바로 『웃음』에 나오는 예술에 관한 내용이기 때문이다.[10] 1936년 6월에 한 방송국에서 노년의 철학자를 인터뷰하기 위하여 디스크형 녹음 장비를 가지고 그의 집을 방문하였다. 본격적인 인터뷰를 진행하기 전에 시험용 녹음을 위하여 베르그손에게 짧은 글 하나를 읽어주기를 부탁하였다. 이때 베르그손은 바로 이 책 『웃음』의 3장에 나오는 예술의 대상에 관한 문단을 읽는다. 말년의 베르그손이 예술과 미학에 관심을 두고 있었고 이 주제로 책을 출판하지 못한 것을 아쉬워하였다는 점을 생각하면, 자신의 글 중에서 압축적으로 예술의 본질을 설명하는 내용을 선택한 것은 우연이 아닐 수 있다고 추측해본다.

---

10 정작 베르그손의 인터뷰 녹음자료는 현재 남아 있지 않다. 베르그손의 육성 녹음자료는 프랑스 국영 라디오의 교양채널인 프랑스 퀄튀르France Culture의 베르그손 특집 프로그램에서 방송되었다. 현재 유튜브에서도 녹음 파일을 들을 수 있다.

마지막으로 이 개정판을 출간하게 된 내력을 간단하게 소개하고자 한다. 『웃음』의 첫 우리말 번역본은 프랑스 몽펠리에의 폴 발레리 대학에서 베르그손에 관한 연구로 박사학위를 취득하고 성균관대학교 철학과에 재직하시던 김진성 교수님의 작업이었다. 1982-83년 겨울방학을 이용하여 번역의 초고가 완성이 되었고 1983년 봄과 여름 사이에 수정과 역주작업이 이루어졌다. 그러나 안타깝게도 옮긴이는 이듬해 가을 젊은 나이에 세상을 떠났고 재판까지 출간되었던 책도 출판사의 폐업으로 오랫동안 절판된 상태로 있었다. 공동번역자는 이 책이 더 이상 독자들과 함께할 수 없는 점을 늘 유감스럽게 생각하고 있었는데 새로 개정판을 출판하자는 제의가 있어서 기꺼이 이 작업을 하게 되었다.

이 번역은 공동번역자에게 매우 특별한 의미가 있는 작업이었다. 학부 4학년 때부터 김진성 선생님 연구실의 조교로 있으면서 프랑스어와 프랑스 철학에 대하여 많은 가르침을 받았고, 『웃음』의 번역작업이 끝난 다음에는 원문과 대조해 가며 원고를 정리하면서 때로는 번역에 대한 의견을 내고 수정 작업을 보조했던 경험이 있기 때문이다. 유학을 떠나기 전에 이미 석사논문을 프랑스어로 썼을 만큼 뛰어난 외국어 능력과 탁월한 우리말 조탁 실력을 바탕으로 수려하고 명석한 필치로 글을 쓰셨던 선생님의 번역을 수정하고 보완하는 작업은 보람 있는 일이었지만, 혹시나 선생님의 번역본을 개악하는 일이 되지 않을까 무척 부담스러웠던 것도 사실이었다.

그러나 번역은 항상 여러 가능한 표현 중에 어떤 것을 고를지를 결정하는 고민의 연속이며 번역자의 성향과 해석 방향에 따라 어떤 선택을 하게 되고 결국 번역자에 따라 다른 스타일이 있을 수밖에 없다. 개정판 번역자는 전체적으로 초판본을 검토하여 수정과 역주 보완작업을 하였다. 형식적으로는 공동 번역이지만 이미 고인이 된 초판 번역자와 개정판 번역자는 안타깝게도 그 어떤 의견 교환도 할 수 없는 상황이었다. 그러나 오랜 세월의 간극에도 불구하고 스승과 제자의 협업으로 이 번역서를 다시 세상에 내놓을 수 있어서 기쁘기 그지없다. 항상 제자들을 따뜻하게 대해주시던 선생님이 멀리서나마 이 책의 재출간을 지켜보시면서 특유의 환한 미소를 지으시면 좋겠다. 끝으로 이 책의 재출판을 추진하고 세심하게 원고를 검토해준 김일수 대표에게 감사의 말을 전한다.

앙리 베르그손 연보

1859   10월 18일 파리에서 폴란드계 유대인인 음악가 아버지와
            아일랜드계 유대인인 영국인 어머니 사이에서 출생.

1863(4세)   아버지의 직장을 따라 가족이 스위스로 이주.

1866(7세)   다시 파리로 돌아옴.

1868(9세)   보나파르트 고등학교에 입학.

1869(10세) 앙리만 남기고 전 가족이 런던으로 이주. 장학생이 되어
            혼자 유대계 재단의 스프링게르 기숙사에서 지냄.

1875(16세) 전국 학력경시대회 라틴어 작문 1위, 영어 1위, 기하학 2
            위, 헬라스어 작문 4위를 함.

1876(17세) 전국 학력경시대회 프랑스어 작문 1위, 수학 1위, 역사 4
            위를 함.

1877(18세) 전국 학력경시대회 수학 1위를 함. 「파스칼의 세 개의 원」
            에 대한 베르그손의 풀이는 다음 해 《신수학연보》에 실림.

1878(19세) 고등사범학교(ENS)에 3위로 입학.

1881(21세) 철학교수 자격시험^{Agrégation}에 2위로 합격. 앙제^{Angers} 고
            등학교 철학교수로 발령.

1883(24세) 클레르몽-페랑^{Clermont-Ferrand} 고등학교 철학교수로 발령.

1884(25세) 클레르몽-페랑 대학교 강사를 겸임. 지방에서 철학교수
            를 역임하던 시절 박사학위 논문을 준비하는 과정에서
            스펜서의 과학철학이 가지고 있는 한계를 깨닫고 이후에
            자신의 철학적 출발점이자 토대가 되는 '지속' 개념을 발

견했다고 전해짐.

1888(29세) 파리의 루이 르 그랑 고등학교와 앙리 4세 고등학교의 대리 교수로 발령.

1889(30세) 롤랭 중학교 교수로 발령. 12월에 『의식에 직접 주어진 것들에 관한 시론』으로 박사학위 취득. 라틴어 부논문은 『아리스토텔레스의 공간론』.

1890(31세) 앙리4세 고등학교 철학교수로 발령.

1891(32세) 루이즈 뇌뷔르제Louise Neuburger와 결혼. 이듬해 외동딸 잔느 출생.

1894(35세) 소르본느 대학의 교수직에 지원했으나 실패.

1896(37세) 『물질과 기억』 출판.

1898(39세) 모교인 고등사범학교의 부교수로 발령. 소르본느 대학에 두 번째로 지원했으나 실패.

1900(41세) 콜레주 드 프랑스의 그리스-라틴철학 담당교수가 됨. 『웃음』 출판.

1901(42세) 학술원의 〈정신과학-정치학회〉 회원으로 선출됨.

1903(44세) 논문 「형이상학 입문」 발표.

1904(45세) 콜레주 드 프랑스의 현대철학 담당교수 직으로 옮김.

1905(46세) 파리에서 윌리엄 제임스William James를 만남. 이후 두 사람은 철학적 동료로서의 우정을 오랫동안 유지함.

1907(48세) 『창조적 진화』 출판.

1911(52세) 볼로냐의 철학자 대회에서 「철학적 직관」 발표. 옥스퍼드 대학에서 「변화의 지각」 강연. 옥스퍼드 대학에서 명예박사학위 취득. 버밍엄 대학에서 「의식과 생명」 강연.

1913(54세) 뉴욕의 컬럼비아 대학에서 강연.

1914(55세) 학술원의 〈정신과학-정치학회〉 회장으로 선출됨. 아카데미 프랑세즈의 회원으로 선출됨. 에딘버러 대학의 기포드Gifford 강좌에서 강연. 1차 세계대전 발발.

1915(56세) 학술 사절단의 일원으로 에스파냐 방문.

1917(58세) 프랑스 정부의 특사로 군사적, 재정적 지원을 이끌어내기 위해 윌슨 대통령을 설득하는 임무를 띠고 미국 방문.

1918(59세) 정식으로 아카데미 프랑세즈 입회식을 치르고 회원에 취임. 미국에 2차로 파견.

1919(60세) 『정신적 에너지』 출판.

1920(61세) 옥스퍼드 대학에서 「가능적인 것과 현실적인 것」 발표. 케임브리지 대학에서 명예박사 학위 취득.

1921(62세) 콜레주 드 프랑스 교수직에서 은퇴.

1922(63세) 유네스코의 전신인 국제연맹 산하의 국제지적협력위원회의 의장으로 선출됨. 프랑스철학회 초청으로 파리에 온 아인슈타인과 시간의 문제에 대하여 토론. 상대성 이론에 대한 비판적 해석을 담은 『지속과 동시성』 출판.

1925(66세) 류머티즘의 악화로 국제지적협력위원회에서 물러남.

1928(69세) 노벨 문학상 수상.

1932(73세) 『도덕과 종교의 두 원천』 출판.

1934(75세) 『사유와 운동자』 출판.

1941(81세) 1월 3일 독일 점령 하의 파리에서 폐렴으로 사망. 유대인이었기에 가족과 소수의 지인만 참석한 채 파리 교외의 가르슈Garches 묘지에 묻힘.

1959   탄생 100주년을 맞아 파리에서 대통령이 참석한 성대한 기념식과 대규모의 국제학술대회를 개최함.

앙리 베르그손의 저작

베르그손이 생전에 출판한 책은 아래와 같다. 우리말 번역본은 책에 따라 여러 종류가 있으나 여기서는 최근에 출판된 것을 위주로 소개한다.

Essai sur les données immédiates de la conscience, Paris, Félix Alcan, 1889: 『의식에 직접 주어진 것들에 관한 시론』, 최화 옮김, 아카넷, 2001.

Matière et mémoire. Essai sur la relation du corps à l'esprit, Paris, Félix Alcan, 1896: 『물질과 기억』, 박종원 옮김, 아카넷, 2005 /『물질과 기억: 정신과 신체의 관계에 관한 시론』, 최화 옮김, 자유문고, 2017.

Le Rire. Essai sur la signification du comique, Paris, Félix Alcan, 1900: 『웃음. 희극성의 의미에 관하여』, 정연복 옮김, 문학과지성사, 2021.

L'Évolution créatrice, Paris, Félix Alcan, 1907: 『창조적 진화』, 황수영 옮김, 아카넷, 2005 /『창조적 진화』, 최화 옮김, 자유문고, 2020.

L'Énergie spirituelle. Essais et conférences, Paris, Félix Alcan, 1919: 『정신적 에너지』, 엄태연 옮김, 그린비, 2019.

Durée et Simultanéité. À propos de la théorie d'Einstein (지속과 동시성. 아 인슈타인의 이론에 관하여). Paris, Félix Alcan, 1922.

Les Deux sources de la morale et de la religion, Paris, Félix Alcan, 1932: 『도 덕과 종교의 두 원천』, 박종원 옮김, 아카넷, 2015.

La Pensée et le Mouvant. Essais et conférences, Paris, Félix Alcan, 1934: 『사 유와 운동』, 이광래 옮김, 문예출판사, 1998.

베르그손의 사후에 프랑스에서 전집과 잡문집, 서간집과 강의록 등이 출판되었다.

옮긴이 소개

김진성

서울대 철학과와 동 대학원을 졸업하고 프랑스 몽펠리에 제3대학(폴
발레리)에서 베르그손에 관한 연구로 철학박사 학위를 받았다. 성균관
대학교 철학과 교수로 재직 중에 젊은 나이에 세상을 떴다. 고려대학교
대학원 철학과와 서울대학교 철학과에서도 강의하였다. 생전에 발표
한 논문과 글을 모은 유고집으로 『베르그송 연구』가 있다.

류지석

성균관대학교 철학과와 동 대학원을 졸업하고 프랑스 릴 제3대학(샤
를 드골)에서 베르그손에 관한 연구로 철학박사를 받았다. 성균관대학
교 인문과학연구소 연구원과 부산대학교 HK교수를 역임하였다. 현재
부경대학교 학부대학에서 학생들을 가르치며 '문화공간 봄'대표를 맡
고 있다. 영국 사회학자와 학제 간 공동연구를 수행 중이며 그 결과를
국제학술지에 발표하고 있다.

웃음
-희극적인 것의 의미에 대하여

1판 1쇄 2022년 2월 28일
1판 2쇄 2023년 3월 15일

지은이 앙리 베르그손
옮긴이 김진성, 류지석

펴낸이 김일수
펴낸곳 파이돈
출판등록 제349-99-01330호
주소 03958 서울 마포구 망원동 419-3 참존 1차 501호
전자우편 phaidonbook@gmail.com
전화 070-8983-7652
팩스 0504-053-5433

ISBN 979-11-963748-4-6 03160

책값은 뒤표지에 있습니다.